Die KOMPASS-Wanderkarte 1:50000, Blatt 5 „Wettersteingebirge – Zugspitzgebiet“ zeigt einen Teil der Nördlichen Kalkalpen, deren schroffe Wände, scharfe Grate und Gipfel überwiegend vom hellen Wettersteinkalk und vom dunkleren Hauptdolomit gebildet werden. Im einzelnen zeichnet sich das Gebiet durch eine ungewöhnliche Vielfalt der Formen aus: Die Hochgebirgszüge des Wettersteingebirges und Karwendels im Süden, die waldreichen Berge der Ammergauer Alpen und des Estergebirges im Norden, dazwischen in der östlichen Kartenhälfte die Mittelgebirgslandschaft des Wamberger Höhenzuges und des Kranzberggebiets. Die Flüsse wechseln von Quer- in Längsfurchen, drei Täler treffen sich und bilden ein weites Talbecken in der Kartenmitte.

Geologie

Entstanden ist diese Vielfalt in großen erdgeschichtlichen Zeiträumen. Mächtige Meeresablagerungen der Trias-, Jura- und Kreidezeit wurden gegen Ende der Kreidezeit und im Tertiär gepresst, gefaltet und zum Teil übereinandergeschoben. Dann wurde das Relief vom Gletschereis der Eiszeiten überformt: Vom großen Eisstrom des Inntalgletschers, der – bis 2000 m mächtig – über den Seefelder Sattel nach Norden überfloss und von zahlreichen kleineren Gletschern, deren kleinste die Kare in die Kämme von Wetterstein und Karwendel einfraßen. Das Eis und das von ihm geschobene Geröll vertieften die Täler, formten sie zu Trogtälern, wie das Reintal unterhalb des Schneeferners, überschliffen Felswände, furchten Mulden zu Seebecken aus, ließen Inselfelsen stehen und hinterließen Gletscherschliffe und Moränen.

Das Isartal von Krün über Fall (nicht mehr auf diesem Kartenblatt) bis Lenggries oder Tölz war ebenso ein langgestreckter See wie der Ammergau. Der Abfluss dieses Sees, die Ammer, floss dann zunächst über den Ettaler Berg zur Loisach, sie wurde erst später durch starke Endmoränen bei Ettal nach Norden abgelenkt. Da die Haupttäler durch die großen Gletscherströme tiefer ausgefurcht wurden als die Nebentäler durch schwächere Gletscher, „hängen“ viele Nebentäler hoch über den Haupttälern, an den Talmündungen gibt es Stufen, in die sich die herabstürzenden Bäche einsägen, so dass es häufig zu Klammbildungen kommt. Die großen landschaftlichen Unterschiede, die das Gebiet des Kartenausschnitts so reizvoll machen, sind aber nicht nur der geologisch-morphologischen Grundlage zu verdanken, sondern zum Teil auch der geschichtlichen Entwicklung. So ist z. B. die noch weithin bewahrte Unberührtheit der Waldberge des Ammergaus daher zu erklären, dass sie im 19. Jh. als bevorzugtes Jagdgebiet des bayerischen Königshauses nicht für den Tourismus erschlossen wurden. Große Teile des Kartenausschnitts sind heute Naturschutz- und Landschaftsschutzgebiete.

Flora und Fauna

Dem geologischen Aufbau und den wechselnden Höhenlagen und klimatischen Bedingungen entsprechend ist die Flora überaus vielfältig. Den Bergsommer hindurch findet man unzählige Enzianarten, in den

Wäldern den Seidelbast, in den Latschen die Alpenanemone, darüber Alpenrose und Schneeheide, an den Wänden die Bergaurikel, das Edelweiß nur noch an wenigen Stellen. Eine reiche Alpenflora zeigt der Alpengarten am Schachen. In der Waldregion fallen auf: Zirbelkiefern am Schachen, sehr alte Bergahorne am Wamberger Rücken, Lärchenbestände in der Leutasch. – Der ursprüngliche Wildreichtum hat sich am besten im Karwendel und im Ammergau gehalten. Bergeidechse und schwarzem Salamander kann man auf jeder Wanderung begegnen.

Geschichte

Die wichtige Nordsüdfurche zwischen Wetterstein und Karwendel, das „Tor von Mittenwald“ und die anschließenden Talschaften am Oberlauf von Isar, Loisach und Ammer sind seit vorgeschichtlicher Zeit wenn nicht besiedelt, so doch vom Saumtierverkehr durchzogen worden. Die Flussnamen Loisach (Liubis-aha), Isar (Isara) und Ammer (Ambra) sind vorrömischen, wahrscheinlich keltischen Ursprungs. Auch die Namen Scharnitz und Partenkirchen (Scarantia und Partanum) gehen auf die keltische oder illyrische Vorbevölkerung zurück, die die Römer hier antrafen, als sie die Alpentäler und das nördliche Alpenvorland bis zur Donau unterwarfen und die Provinz Rätien schufen. Mit den gut ausgebauten Römerstraßen begann das eigentlich geschichtliche Leben in den Tälern. Partanum und Scarbia wurden Straßenstationen an der Straße Verona – Augsburg, die seit dem 2. Jh. über den Brenner, den Zirler Berg und das Tor von Mittenwald an die Loisach führt und dann auf zwei Routen – durch das Murnauer Moos oder über den Ettaler Berg und das Ammertal – das Flachland erreicht. Auch nach dem Zusammenbruch der Römerherrschaft blieben Romanen in den Tälern sesshaft, die Bajuwaren nannten sie Walchen, daher die Namen Wallgau und Walchensee. Bajuwarensiedlungen entstanden nahe der als Verkehrsweg noch immer wichtigen Römerstraße. Garmisch (älteste Form Germareskowa), Farchant, Oberau und Eschenlohe, Klais, Krün und Oberammergau dürften die ältesten Siedlungsplätze des Mittelalters sein, um das Jahr 1000 kam Mittenwald hinzu. Alle anderen Dauersiedlungen entstanden erst im hohen Mittelalter durch Rodung. Zunächst traten hochadelige Geschlechter als Grundherren im Gebiet des Kartenausschnitts auf – die Huosi, dann die Welfen, die Grafen von Andechs, die Grafen von Eschenloh und die Herren von Mindelberg, von Seefeld und von Weilheim. Vom 8. bis ins 13. Jh. aber gingen immer mehr Herrschaftsrechte in geistliche Hand. Diese Entwicklung begann mit der Gründung und Ausstattung des Klosters Benediktbeuern (740) und des Klosters in der Scharnitz (763), das wenige Jahre später nach Schlehdorf verlegt wurde, und sie fand ihren Abschluss, als Kaiser Ludwig der Bayer 1330 im Ammergau das Kloster Ettal gründete und es mit Grundbesitz und Rechten ausstattete wie eine Reichsabtei. Er schob damit einer weiteren Ausdehnung des Hochstifts Freising den Riegel vor, das im 13. Jh. seine alten Besitzungen am Fuß des Wettersteins systematisch abgerundet und mit dem Kauf der „Grafschaft ze Partenkirchen und ze Mittenwald“ vom letzten Grafen von Eschenlohe 1294 seine Landesherrschaft über das Werdenfelser Land begründet hatte (namengebend die Burg Werdenfels zwi-

Ein berühmter Wallfahrtsort: Kloster Ettal

schen Garmisch und Farchant, heute Ruine). Das „Landl" oder die freie Reichsgrafschaft Werdenfels mit den drei Hauptorten Garmisch, Partenkirchen und Mittenwald war also ein unmittelbares Territorium des Reichs, es gehörte nicht zum Herzogtum Bayern, sondern wurde von den Fürstbischöfen von Freising bis zur Säkularisation im Jahr 1803 regiert. Nicht im Werdenfelser Land lag der Walchensee, der zum Klostergericht Benediktbeuern gehörte, und der Ammergau mit Oberau und Eschenlohe, die zum Klostergericht Ettal gehörten.
Lebensader des ganzen Gebiets war bis in die frühe Neuzeit die Rottstraße, die dem Zug der alten Römerstraße folgte und auf der sich ein großer Teil des Italienverkehrs (Augsburg bzw. München–Bozen–Verona–Venedig) abspielte. Die Rott war eine Vereinigung bürgerlicher Fuhrleute, die das ausschließliche Recht besaßen, Waren von einer Niederlage (Rottstation) zur nächsten zu verfrachten. Rottstationen im Kartenausschnitt waren Oberammergau, Partenkirchen und Mittenwald. Mit dem Niedergang des Italienhandels über den Brenner im Dreißigjährigen Krieg schwand auch der Wohlstand des Werdenfelser Landes. Die landwirtschaftliche Basis, Holz- und Viehwirtschaft, reichte nicht aus, um die großen Hauptorte zu ernähren. Zur Rettung wurden der Geigenbau in Mittenwald, die Schnitzkunst in Oberammergau und Partenkirchen. Erst mit der romantischen Entdeckung der Landschaft, dem Aufkommen des Alpinismus und des modernen Fremdenverkehrs (Eisenbahn München - Garmisch 1889, Garmisch - Mittenwald - Innsbruck 1912, Garmisch - Reutte 1913) wurde das Werdenfelser Land zu dem, was es heute ist:

Eines der schönsten Erholungsgebiete am nördlichen Alpenrand, dessen von der Natur, der Geschichte und dem Volkstum geprägte Eigenart sich im Welttourismus behauptet.

Weitwanderwege

Die OeAV-Sektion Weitwanderer gilt als Auskunftsstelle für alle europäischen Fernwanderwege sowie für die österreichischen Weitwanderwege: Vorsitzender Fritz Käfer, Thaliastraße 159/3/16, A-1160 Wien, Telefon = Fax (0043) 01/493 84 08 oder Mobil: 0664/2737242,
weitwanderer@sektion.alpenverein.at • www.alpenverein.at/weitwanderer
Durch die alpinen Vereine wurden markierte Wege angelegt, die über große Strecken führen und sowohl mit einer Nummer als auch mit einem Namen bezeichnet sind. Damit sollen Ziele präsentiert werden, die zuvor nur selten besucht wurden, und gleichzeitig auch die Vielfalt der touristischen Möglichkeiten aufgezeigt werden.
Für die Begehung dieser Wege wurde eine eigene Wanderliteratur sog. "Wanderführer" aufgelegt, die dem Begeher den Streckenverlauf, Nächtigungsmöglichkeiten, Entfernungs- und Höhenangaben, Wegzeiten mit Schwierigkeitsgraden sowie Öffnungszeiten von Gasthöfen und Schutzhütten näher bringen. Außerdem wurden Kontrollstellen geschaffen, wo durch einen Stempelabdruck der Besuch dokumentiert wird und danach – auf Wunsch – Wanderabzeichen in verschiedenen Stufen vergeben, wobei die Zeit, in der die betreffenden Wege zurückgelegt werden, keine Rolle spielt.
In Österreich bestehen neben einer Vielzahl von regionalen Wanderwegen **zehn Weitwanderwege**, die mit den Ziffern 01 bis 10 bezeichnet sind. Eine evtl. vorgesetzte Zahl gibt die Gebirgsgruppen (Hunderterstelle) an. In den Zentralalpen ist diese Grundnummer ungerade (z. B. 901), in den Nördlichen und Südlichen Kalkalpen hingegen gerade (z. B. 801), ein nachfolgender Buchstabe (z. B. 801A) macht darauf aufmerksam, dass es sich um eine Wegvariante handelt. Mehrere nationale Weitwanderwege sind in das internationale Europäische Fernwanderwegenetz mit einbezogen.
Auf dem vorliegenden Kartenblatt scheinen der Nordalpenweg 01 und der Maximiliansweg auf, die mit dem Europäischen Fernwanderweg E 4 und E 4 (alpin) ident sind.
Bitte erkundigen Sie sich vor Beginn Ihrer Wanderung, ob in den angegebenen Hütten bzw. Orten Übernachtungsmöglichkeiten bestehen. Die Begehung dieser Weitwanderwege erfordert Bergerfahrung, Kondition und eine gute Ausrüstung.

Wegverlauf der Weitwanderwege

Der Europäische Fernwanderweg E 4 und E 4 (alpin):
Der E 4 beginnt derzeit in Andalusien und verläuft über Frankreich, Schweiz, Deutschland, Österreich, Ungarn und Bulgarien nach Griechenland. In Österreich führt der Weg als alpine Variante über die Nördlichen Kalkalpen, um sich im Burgenland wieder mit der Hauptstrecke zu vereinigen. Da sich die Bewältigung der Route E 4 (alpin) durch die Nörd-

lichen Kalkalpen für bergsteigerisch nicht erfahrene Wanderer bald als zu schwierig erwiesen hat, wurde eine eigene Route des E 4 durch den süddeutschen und österreichischen Voralpenraum auf dem "Voralpenweg 04" geschaffen, der durch den Bregenzer Wald, das Oberallgäu, den Ammergau, den Schwangau, das Tegernseer- und Werdenfelserland, das Schlierseerland, den Chiemgau, den Flachgau, das Salzkammergut, das Höllengebirge, das Enns- und Steyrtal, die Eisenwurzen, das Ötscherland und den Wienerwald zur Ungarischen Pforte verläuft, um hier nach Süden zum Neusiedler See und weiter nach Ungarn abzubiegen.

Der Nordalpenweg 01 (201, 601, 801, 801A):
Wie bereits unter dem E 4 angedeutet, führt dieser Weitwanderweg durch alle österreichischen Bundesländer mit Ausnahme Kärntens. Er reicht von Rust am Neusiedler See bzw. Perchtoldsdorf bei Wien über den Schneeberg, die Rax, den Hochschwab, die Gesäuseberge, das Tote Gebirge, das Dachsteingebiet, das Tennengebirge, den Hochkönig, das Steinerne Meer, die Loferer Steinberge, die Chiemgauer Alpen, das Kaisergebirge, das Rofangebirge, das Karwendelgebirge, die Zugspitze, die Lechtaler Alpen, das Lechquellengebirge und den Bregenzer Wald bis Bregenz, weist eine Länge von etwa 1000 km auf und ist Teil des Europäischen Fernwanderweges E 4 (alpin).
Das vorliegende Kartenblatt betritt der Weg am rechten Kartenrand vom Karwendelhaus kommend (I 3), wobei er durch das Karwendeltal nach Scharnitz und in der Folge durch das Satteltal über den Hohen Sattel Leutasch erreicht. Die Alpinvariante wendet sich nun nach Norden bis zur Einmündung des steil aufsteigenden Bergleintales, um in Serpentinen die Meilerhütte zu erreichen. Über das Schachenhaus geht es in das Reintal zur Angerhütte (Reintalangerhütte) und weiter zur Knorrhütte auf dem Zugspitzblatt. Über das Schneefernerhaus (Forschungsstation) geht es zum Münchener Haus, von wo aus der steile Anstieg zum Zugspitzgipfel möglich ist. Über den Trittsicherheit und Schwindelfreiheit verlangenden Georg-Jäger-Steig erfolgt der Abstieg über die Wiener-Neustädter-Hütte nach Ehrwald. Hochalpines Gelände, der Weg erfordert manchmal Trittsicherheit und Schwindelfreiheit und ist an exponierten Stellen mit Sicherungen versehen. Weiter zieht der Weg über Lermoos zur Wolfratshauser Hütte und zum Fernpass. Nun vorbei am Schanzel- und Fernsteinsee zum Fernstein Hotel, wo der Weg das Kartenblatt am linken unteren Rand (B 4) Richtung Anhalter Hütte verlässt.
Eine Ausweichvariante (801 A) verläuft von Leutasch über Obern entlang der Leutascher Ache zur Gaistalalm, Tillfussalm, Felderalm und Ehrwalder Alm nach Ehrwald, wo die Vereinigung mit der Alpinvariante erfolgt.

Der Voralpenweg 04 (Maximiliansweg E 4):
Wie bereits unter dem E 4 angedeutet, führt dieser Weitwanderweg durch die österreichischen Bundesländer Wien, Niederösterreich, Oberösterreich bzw Salzburg, reicht vom Wiener Raum bis Bad Reichenhall und findet im E 4 (Maximiliansweg E 4) seine Fortsetzung.
Das vorliegende Kartenblatt betritt der Weg bei Urfeld am rechten Kar-

tenrand (I 1) im Bereich des Walchensees. Von hier verläuft er über den Ort Walchensee nach Einsiedl und wendet sich hier in das liebliche Eschenlainetal zum Fremdenverkehrsort Eschenlohe an der Loisach.
Eine Jochroute führt vom Ort Walchensee über den Herzogstand zum Heimgarten, verlangt Trittsicherheit und Schwindelfreiheit und soll bei schlechten Witterungsverhältnissen gemieden werden. Ein weiterer Weg führt unter Umgehung von Herzogstand und Heimgarten direkt zur Ohlstädter Alm. Über die sogenannte Hirschau erreichen beide Wege das Eschenlainetal, wo der Zusammenschluss mit der von Einsiedl kommenden Route erfolgt.
Von Eschenlohe verläuft der Weg am Rande des Naturschutzgebietes Eschenloher Moos Richtung Grafenaschau, wo er das Kartenblatt am oberen Rand (F 1) im Bereich Schwaigen verlässt, um es bei Unterammergau (D/E 1) wieder zu betreten.
Der Weg zieht von Unterammergau zur Langenthalalm, zum August-Schuster-Haus und weiter über das Laubeneck und den Hennenkopf zu den Brunnenkopfhäusern, zum Brunnenkopf, über den Klammspitzgrat zum Feigenkopf, zum Bäckenalmsattel und schließlich zur Kenzenhütte. Da der Weg über das Laubeneck zur Kenzenhütte Trittsicherheit und Schwindelfreiheit erfordert (Kletterstellen), kann vom August-Schuster-Haus zum Schloss Linderhof abgestiegen und durch das Lindergrieß und dann den Sägertalbach entlang hinauf zum Bäckenalmsattel ebenfalls die Kenzenhütte erreicht werden. Weiter verläuft die Route zum Bockstallsee, sodann das Lobental hinein zum so genannten Brandfleck und über den Alpenlehrpfad zum Tegelberghaus. Von hier weiter zu einem Sattel, unter der Seilbahn hindurch, durch den Bergwald, in vielen Kehren zur Marienbrücke und schließlich zu den Schlössern Neuschwanstein und Hohenschwangau, wo das Blatt im Planquadrat A 1 Richtung Füssen verlassen wird.

Quellenangabe zu Sperrgebieten:
Im Bemühen um eine partnerschaftliche Verträglichkeit von Interessen der Jagd- und Forstwirtschaft mit Bergsteigern, Bikern und Wanderern hat der Österreichische Alpenverein (www.alpenverein.at) eine Datenbank erstellt, in der sämtliche in Österreich vorhandenen jagdlichen, forstlichen und militärischen Sperrgebiete und Wildschutzgebiete sowie alle bedeutenden Natur-, Landschafts- und Sonderschutzgebiete erfasst sind. Die KOMPASS-Karten GmbH dankt dem Österreichischen Alpenverein für die erteilten Informationen zur vorliegenden KOMPASS-Wanderkarte.

Alpengasthöfe und Unterkunftshütten

Alle Angaben ohne Gewähr! Bitte erfragen Sie rechtzeitig, spätestens vor Beginn der Wanderung, im Talort beim Fremdenverkehrsamt oder bei der Bergwacht die Bewirtschaftungszeit. Erkundigen Sie sich vor Beginn Ihrer Wanderung, ob eine Übernachtungsmöglichkeit besteht. Die Telefonnummern der wichtigsten Alpengasthöfe und Unterkunftshütten finden Sie auf Seite 74.

Ammergauer Alpen

August-Schuster-Haus, 1564 m (D 1), Alpenverein, Postleitzahl: D-82497 Unterammergau, ganzjährig bewirtschaftet (November und April geschlossen). Zugang: von Oberammergau über die Kolbenalm, 2½ Std. Übergang: zu den Brunnenkopfhäusern, 2 Std. Gipfel: Teufelstättkopf, 1758 m, 1 Std.; Hennenkopf, 1768 m, 1½ Std.

Bleckenau-Berggasthaus, 1167 m (A 2), privat, Postleitzahl: D-87645 Schwangau, im Sommer und Winter bewirtschaftet. Zugänge: von Hohenschwangau, 1½ Std. oder mit dem Bus; vom Tegelberghaus, 2½ Std.; von Ammerwald, 2½ Std. Übergänge: zur Kenzenhütte, 4 Std.; zum Säulinghaus, 2½ Std. Gipfel: Branderschrofen, 1880 m, ca. 3½ Std.; Krähe, 2012 m, ca. 3 Std.; Hochplatte, 2082 m, ca. 3½ Std. (alle Gipfelbesteigungen mittel).

Brunnenkopfhäuser, 1602 m (C 1), Alpenverein, Postleitzahl: D-82488 Ettal, im Sommer bewirtschaftet. Zugang: von Schloss Linderhof, ca. 2 Std. Übergänge: zur Kenzenhütte, 3½ Std.; zum August-Schuster-Haus, 2 Std. Gipfel: Brunnenkopf, 1718 m, 20 Min.; Hennenkopf, 1768 m, 1½ Std.

Kenzenhütte, 1294 m (B 1), privat, Postleitzahl: D-87642 Halblech, im Sommer bewirtschaftet. Zugänge: von Halblech, ca. 3½ Std. oder mit dem Bus; von Buching, 3½ Std.; von Schloss Linderhof, 3 Std. Übergänge: zu den Brunnenkopfhäusern, 4 Std.; zum August-Schuster-Haus, 6 Std.; zum Tegelberghaus, 3½ Std. Gipfel: Hochplatte, 2082 m, 2½ Std.; Kenzenkopf, 1745 m, 1½ Std.; Grubenkopf, 1847 m, 2½ Std.; Feigenkopf, 1866 m, 2½ Std.; Krähe, 2012 m, je nach Route 2 – 3 Std.; Gabelschrofen, 2010 m, 3 Std. (alle Gipfelbesteigungen mittel).

Kolbenalm, 1000 m (E 1), privat, Postleitzahl: D-82487 Oberammergau, ganzjährig bewirtschaftet. Zugang: von Oberammergau, 1 Std. Übergang: zum August-Schuster-Haus, 2 Std.

Säulinghaus, 1720 m (A 2), Naturfreunde, Postleitzahl: A-6600 Pflach, im Sommer bewirtschaftet. Zugang: von Pflach, 2¼ Std. Übergang: nach Bleckenau, 2½ Std. Gipfel: Säuling, 2038 m, 1¼ Std. (mittel).

Tegelberghaus, 1707 m (A 1), privat, Postleitzahl: D-87645 Schwangau, im Sommer und Winter bewirtschaftet. Zugänge: von Schwangau bzw. Hohenschwangau, 2½ – 3 Std.; Bergbahn bis zur Hütte. Übergänge: zur Kenzenhütte, 3½ Std.; nach Bleckenau, 2½ Std. Gipfel: Schönleitenschrofen, 1703 m, 1½ Std.; Branderschrofen, 1880 m, ½ Std.; Krähe, 2012 m, 3 Std.; Hochplatte, 2082 m, 3½ Std. (alle Gipfelbesteigungen mittel).

Estergebirge

Esterbergalm, 1265 m (F 2), privat, Postleitzahl: D-82467 Garmisch-Partenkirchen, ganzjährig bewirtschaftet. Zugänge: von der Bergstation der Wankbahn, 1 Std. Übergänge: zum Wankhaus, 1½ Std.; zur Krottenkopfhütte, 2½ Std. Gipfel: Zunderkopf, 1611 m, 1 Std.; Wank, 1780 m, 1½ Std.

Gschwandtnerbauer, 1020 m (F 2), privat, Postleitzahl: D-82467 Garmisch-Partenkirchen, ganzjährig bewirtschaftet. Zugänge: mit dem Auto erreichbar; von Garmisch-Partenkirchen, 1½ Std.; von Kaltenbrunn, ½ Std. Übergänge: zur Esterbergalm, ca. 1½ Std.; zum Wankhaus, 2½ Std.

Krottenkopfhütte (Weilheimer Hütte), 1955 m (G 1-2), Alpenverein, Postleitzahl: D-82441 Ohlstadt, im Sommer bewirtschaftet. Zugänge: von Oberau, 4 Std.; von Farchant, 4 Std.; von der Bergstation der Wankbahn über die Esterbergalm, ca. 3½ Std. Übergang: zur Esterbergalm, 1½ Std. Gipfel: Krottenkopf, 2086 m, 20 Min.; Oberer Rißkopf, 2049 m, 20 Min., Hoher Fricken, 1940 m, 1½ Std.

Wankhaus, 1779 m (F 2), Alpenverein, Postleitzahl: D-82467 Garmisch-Partenkirchen, im Winter und Sommer bewirtschaftet. Zugänge: Bergstation der Wankbahn; von Garmisch-Partenkirchen, 3 Std. Übergang: zur Esterbergalm, 1 Std.; zur Krottenkopfhütte, ca. 2½ Std. Gipfel: Hoher Fricken, 1940 m, ca. 2 Std.; Bischof, 2033 m, ca. 2½ Std.; Krottenkopf, 2086 m, ca. 3 Std.

Karwendelgebirge

Brunnensteinhütte, 1560 m (H 3), Alpenverein, Postleitzahl: D-82481 Mittenwald, im Sommer bewirtschaftet. Zugänge: von Mittenwald und Scharnitz, je 2 Std. Übergänge: zur Mittenwalder Hütte, 2 Std.; zur Tiroler Hütte, 2 Std. Gipfel: Brunnensteinspitze, 2179 m, 2 Std.; Kirchlspitze, 2302 m, 2½ Std. (mittel).

Dammkarhütte, 1650 m (H 3), privat, Postleitzahl: D-82481 Mittenwald, im Sommer bewirtschaftet. Zugang: von Mittenwald, 2 Std. Übergänge: zur Hochlandhütte, ca. 2 Std.; zur Mittenwalder Hütte über die Westliche Karwendelspitze, 3½ Std. (nur für Geübte). Gipfel: Westliche Karwendelspitze, 2385 m, 2 Std.

Eppzirler Alm, 1459 m (H 4), privat, Postleitzahl: A-6108 Scharnitz, im Sommer bewirtschaftet. Zugang: von Scharnitz-Gießenbach, 2 Std. Übergang: zum Solsteinhaus, 3 Std. Gipfel: Erlspitze, 2405 m, 3 Std.

Hochlandhütte, 1630 m (I 3), Alpenverein, Postleitzahl: D-82481 Mittenwald, im Sommer einfach bewirtschaftet. Zugang: von Mittenwald, 2½ Std. Übergang: zur Dammkarhütte, 2 Std. Gipfel: Wörnerspitze, 2476 m, ca. 3 Std. (nur für Kletterer).

Larchetalm, 1173 m (I 3), privat, Postleitzahl: A-6108 Scharnitz, zeitweise bewirtschaftet. Zugang: von Scharnitz, 2 Std. Übergang: zum Karwendelhaus, 2½ Std.

Mittenwalder Hütte, 1518 m (H 3), Alpenverein, Postleitzahl: D-82481 Mittenwald, im Sommer bewirtschaftet. Zugang: von Mittenwald, 1½ Std. Übergänge: zur Brunnensteinhütte über die Bergstation der Karwendelbahn und am Heinrich-Noe-Steig (6 Std.); zur Dammkarhütte über die Westliche Karwendelspitze, 4 Std. Gipfel: Westliche Karwendelspitze, 2385 m, 2½ Std. (alle Touren nur für Geübte).

Möslalm (Arzler Kristenalm), 1252 m (I 4), privat, Postleitzahl: A-6108 Scharnitz, im Sommer bewirtschaftet. Zugang: von Scharnitz, 3 Std. Übergänge: zur Höttinger Alm über den Frau-Hitt-Sattel, 3¾ Std. (mittel); zur Pfeishütte, 2 Std. (leicht).

Nördlinger Hütte, 2238 m (G 4), Alpenverein, Postleitzahl: A-6103 Reith bei Seefeld, im Sommer bewirtschaftet. Zugänge: von Reith oder Seefeld, 3½ Std.; von der Bergstation der Härmelekopfbahn, 1 Std. Gipfel: Reither Spitze, 2374 m, 20 Min. (mittel).

Pleisenhütte, 1757 m (I 3), privat, Postleitzahl: A-6108 Scharnitz, an Wochenenden ganzjährig bewirtschaftet. Zugang: von Scharnitz, 3 Std. Gipfel: Pleisenspitze, 2569 m, 2½ Std.

Solsteinhaus, 1806 m (H 4), Alpenverein, Postleitzahl: A-6103 Reith bei Seefeld, im Sommer bewirtschaftet. Zugänge: von Hochzirl, 2½ Std.; von Scharnitz, 4½ Std. Übergang: zur Möslalm, 2 Std. Gipfel: Großer Solstein, 2541 m, 2 Std. (leicht).

Tiroler Hütte, 2153 m (H 3), privat, Postleitzahl: A-6108 Scharnitz, im Sommer bewirtschaftet. Zugänge: von Mittenwald und Scharnitz, je 4 Std. Gipfel: Brunnensteinspitze, 2179 m, 20 Min.; Kirchlspitze, 2302 m, 1 Std. (mittel).

Wiesenhof, Gasthaus, 1036 m (H 3), privat, Postleitzahl: A-6108 Scharnitz, ganzjährig bewirtschaftet. Zugang: von Scharnitz, 1 Std. Übergang: zum „Kasten", 2½ Std.

Lechtaler Alpen

Brettlalm, 1350 m (BC 3), privat, Postleitzahl: A-6631 Lermoos, ganzjährig bewirtschaftet. Zugang: von Lermoos, 1¼ Std.; auch mit dem Sessellift oder der Seilbahn erreichbar. Übergang: zur Wolfratshauser Hütte, 1¼ Std. Gipfel: Grubigstein, 2233 m, ca. 3 Std. (mittel).

Grubigalm, Bergrestaurant, 1705 m (B 3), privat, Postleitzahl: A-6631 Lermoos, ganzjährig bewirtschaftet. Zugang: von Lermoos, 2 Std. Übergang: zur Wolfratshauser Hütte, ½ Std. Gipfel: Grubigstein, 2233 m, 1½ Std. (mittel).

Grubigsteinhütte, 2028 m (B 3), privat, Postleitzahl: A-6631 Lermoos, ganzjährig bewirtschaftet. Zugänge: Bergstation des Grubigstein-Sesselliftes; zu Fuß von Lermoos, 3½ Std.; vom Fernpass, 3 Std. Übergang: zur Wolfratshauser Hütte, ¾ Std. Gipfel: Grubigstein, 2233 m, 40 Min. (mittel).

Heiterwanger Hochalm, 1612 m (A 3), privat, Postleitzahl: A-6622 Berwang, ganzjährig bewirtschaftet. Zugang: Bergstation des Sesselliftes; von Berwang, 1 Std. Gipfel: Alpkopf, 1802 m, ½ Std. (mittel).

Tuftalm, 1496 m (C 3), privat, Postleitzahl: A-6631 Lermoos, im Sommer bewirtschaftet. Zugänge: von Lermoos, 2 Std.; von Ehrwald-Bahnhof, 2½ Std. Gipfel: Daniel, 2340 m, 3 Std.; Grüner Ups, 1852 m, 1 Std.

Wolfratshauser Hütte, 1751 m (B 3), Alpenverein, Postleitzahl: A-6631 Lermoos, im Winter und Sommer bewirtschaftet. Zugänge: von der Bergstation des Grubigstein-Sesselliftes, ½ Std.; von Lermoos, 2½ Std.; von Biberwier und vom Fernpass, ca. 3 Std. Gipfel: Grubigstein, 2233 m, 1 Std. (mittel); Gartner Wand, 2376 m, 1½ Std. (nur für Geübte); Bleispitze, 2225 m, 2½ Std. (mittel).

Mieminger Kette

Alplhaus, 1504 m (DE 4), DAV-Sektion München, Postleitzahl: A-6410 Telfs, unbewirtschaftet, Schlüssel bei der Sektion. Zugänge: von Telfs, 3 Std.; von Wildermieming (Autobushaltestelle Affenhausen), 2 Std.; mit Kfz bis Straßberg, von dort 1 Std. Übergang: über die Niedere Munde zur Tillfussalm im Gaistal, 3 Std. Gipfel: Hohe Munde, 2662 m, 4½ Std. (nur für Geübte); Klettertouren auf die nördlich der Hütte liegenden Gipfel der Mieminger Kette.

Arzkasten, Gasthaus, 1151 m (C 4), privat, Postleitzahl: A-6416 Obsteig, ganzjährig bewirtschaftet. Zugänge: von der Autobushaltestelle Holzleithen, 25 Min.; von Obsteig, 45 Min.; mit

Kfz bis zum Haus. Übergänge zum Lehnberghaus, 1 Std.; zum Marienbergjoch, 2 Std. Gipfel: Wankspitze, 2209 m, ca. 3 Std. (nur für Geübte); Höllkopf, 2194 m, 2½ Std. (nur für Geübte).

Coburger Hütte, 1917 m (C 4), Alpenverein, Postleitzahl: A-6632 Ehrwald, im Sommer bewirtschaftet. Zugänge: von der Ehrwalder Alm, ca. 2 Std.; von Ehrwald über den Hohen Gang, 3 Std.; von Biberwier über die Biberwierer Scharte, 3 Std. Übergänge: zum Marienbergjoch über die Biberwierer Scharte und am Jubiläumsweg , 2 Std.; nach Obsteig über die Grünsteinscharte und durch die Hölle nach Arzkasten und zum Ziel, 4 Std.; nach Obermieming über die Grünsteinscharte und das Stöttltörl, 4 Std. Gipfel: Sonnenspitze, 2417 m, über den Nordostrücken (für Geübte, Trittsicherheit und Schwindelfreiheit erforderlich!), 2 Std.; Vorderer Drachenkopf, 2302 m, 1 Std.; Wampeter Schrofen, 2520 m, 2½ Std.; Vorderer Tajakopf, 2450 m, 2¼ Std. (Klettersteig, 3 Std.); Hinterer Tajakopf, 2408 m, 2 Std.

Lehnberghaus, 1554 m (C 4), privat, Postleitzahl: A-6416 Obsteig, ganzjährig bewirtschaftet. Zugang: von Obsteig, 2 Std.; mit Kfz bis zum Haus oder nur bis Arzkasten und von dort 1 Std. Übergang: zur Coburger Hütte, 2½–3 Std. Gipfel: Wankspitze, 2209 m, 2 Std. (nur für Geübte); Höllkopf, 2194 m, 1½ Std. (nur für Geübte); Grünstein, 2661 m, 3 Std. (nur für Geübte).

Neue Alplhütte, 1504 m (D 4), privat, Postleitzahl: A-6410 Telfs, im Sommer bewirtschaftet. Übrige Angaben siehe Alplhaus.

Rauthhütte, 1605 m (F 4), privat, Postleitzahl: A-6105 Leutasch, ganzjährig bewirtschaftet. Zugänge: von Oberleutasch oder Buchen, 1 – 1½ Std. oder mit dem Sessellift. Übergang: zum Niedermundesattel über die Hohe Munde, 4½ Std. (nur für Geübte), von dort nach Straßberg, zur Neuen Alplhütte oder zur Tillfussalm, ca. 1½ Std., anspruchsvolle, lange und anstrengende Tour, Klettersteig! Gipfel: Hohe Munde, 2662 m, 3 Std. (mittel).

Strassberghaus, Gasthof, 1191 m (E 4), privat, Postleitzahl: A-6410 Telfs, ganzjährig bewirtschaftet. Zugänge: von Telfs, 2 Std.; von Wildermieming (Autobushaltestelle Affenhausen), 1¼ Std.; oder mit dem Auto bis zum Schranken (Parkplatz). Übergänge: zur Neuen Alplhütte, 1 Std.; zur Tillfussalm im Gaistal über die Niedere Munde, 2059 m, 3½ Std. Gipfel: Hohe Munde, 2662 m, 4½ Std. (nur für Geübte).

Wettersteingebirge

Alpenglühen, Alpengasthof, 1502 m (D 3), privat, Postleitzahl: A-6632 Ehrwald. Zugang: von der Bergstation der Ehrwalder-Alm-Bahn, ¼ Std. Übergänge: zur Ehrwalder Alm, ¼ Std.; zur Knorrhütte, 3½ Std.

Angerhütte (Reintalangerhütte), 1370 m (E 3), Alpenverein, Postleitzahl: D-82467 Garmisch-Partenkirchen, im Sommer bewirtschaftet. Zugang: von Garmisch-Partenkirchen, 5 Std. Übergänge: zur Knorrhütte, 2 Std.; zur Franz-Fischer-Hütte, 3 Std. Gipfel: Hochwanner, 2744 m, 5 Std. (nur für Geübte).

Arnspitzhütte, 1957 m (G 3), Alpenverein, offene Unterstandshütte mit 4 Lagern (kein Wasser). Zugang: von Scharnitz, 2½ Std.; von Mittenwald, 4 Std. Gipfel: Große Arnspitze, 2196 m, 1 Std.

Bayernhaus, 1270 m (F 2), privat, Postleitzahl: D-82467 Garmisch-Partenkirchen, ganzjährig bewirtschaftet. Zugänge: von Garmisch-Partenkirchen, ca. 2 Std.; von der Bergstation der Hausbergseilbahn, ca. 15 Min. Übergang: zum Kreuzeckhaus, 1 Std.

Eckbauer, 1220 m (F 2), privat, Postleitzahl: D-82467 Garmisch-Partenkirchen, im Sommer und Winter bewirtschaftet. Zugang: von Kainzenbad zu Fuß in 2 Std. oder mit der Seilbahn. Übergänge: zur Elmauer Alm, 1½ Std.; nach Wamberg, 1 Std.

Ehrwalder Alm, 1493 m (C 3), privat, Postleitzahl: A-6632 Ehrwald, ganzjährig bewirtschaftet. Zugang: von Ehrwald, 1½ Std. oder mit Gondelbahn. Übergänge: zur Coburger Hütte, ca. 2 Std.; zur Knorrhütte, 3½ Std.; zum Alpengasthof Alpenglühen, ¼ Std.

Elmauer Alm, 1201 m (G 2), privat, Postltz.: D-82494 Krün, teilweise bewirtschaftet. Zugang: vom Bahnhof Klais, 2 Std. Übergänge: nach Wamberg, ¾ Std.; zum Eckbauer, 1½ Std.

Franz-Fischer-Hütte (Oberreintalhütte), 1532 m (E 3), Alpenverein, Postleitzahl: D-82467 Garmisch-Partenkirchen, im Sommer Selbstversorgerhaus, Getränke erhältlich. Zugang: von Garmisch-Partenkirchen, 4 Std. Übergänge: zum Schachenhaus, 1¼ Std.; zur Angerhütte, 3 Std. Gipfel: Klettergebiet.

Garmischer Haus, 1320 m (E 2), privat, Postleitzahl: D-82467 Garmisch-Partenkirchen, ganzjährig bewirtschaftet. Zugang: vom Bahnhof Garmisch-Partenkirchen, 2 Std. Übergang: zum Bayernhaus, 20 Min.

Hämmermoosalm, 1417 m (E 4), privat, Postleitzahl: A-6105 Leutasch, ganzjährig bewirtschaftet. Zugänge: von Oberleutasch, 1 Std.; von der Tillfussalm, 1½ Std.

Hochalm, 1704 m (E 3), privat, Postleitzahl: D-82467 Garmisch-Partenkirchen, ganzjährig bewirtschaftet. Zugänge: von Garmisch-Partenkirchen, 3½ Std.; vom Kreuzeck, 1½ Std. Übergänge: zur Höllentalangerhütte über das Hupfleitenjoch, 2 Std.; zu den Knappenhäusern,

1 Std. Gipfel: Alpspitze, 2628 m, über den Stuibensee, 4 Std. bzw. durch die Schöngänge, 3 Std. (nur für Geübte).

Hochfeldernalm, 1732 m (D 3), privat, Postleitzahl: A-6105 Leutasch, im Sommer bewirtschaftet. Zugänge: von Oberleutasch, 3 ½ Std.; von der Ehrwalder Alm, ¾ Std. Übergang: zur Knorrhütte, ca. 4 Std.

Höllentalangerhütte, 1387 m (E 3), Alpenverein, Postleitzahl: D-82467 Garmisch-Partenkirchen, im Sommer bewirtschaftet. Zugang: von Hammersbach, 2 Std. Übergänge: zum Kreuzeckhaus, 2 ½ Std.; zur Hochalm, 2 Std. Gipfel: Zugspitze, 2962 m, 5–6 Std. (nur für Geübte); Alpspitze, 2628 m, durch das Mathaisenkar, 4 Std. (nur für Geübte).

Knorrhütte, 2051 m (D 3), Alpenverein, Postleitzahl: D-82467 Garmisch-Partenkirchen, im Sommer bewirtschaftet. Zugänge: von Garmisch-Partenkirchen durch das Reintal, 7 Std.; von der Ehrwalder Alm über das Gatterl, 3 Std. Übergänge: zum Münchener Haus, 2½ Std.; zur Angerhütte, 1 ½ Std. Gipfel: Zugspitze, 2962 m, 3 Std. (nur für Geübte).

Kranzberg-Haus, 1350 m (G 3), privat, Postleitzahl: D-82481 Mittenwald, im Sommer und Winter bewirtschaftet. Zugang: von Mittenwald, 1½ Std.; von Elmau, 2 Std.; vom Lautersee, 1 Std. Übergänge: nach St. Anton, ½ Std.; zur Korbinianhütte, 1 Std.; zum Gasthof Wildensee, ½ Std.

Kreuzeckhaus (Adolf-Zoeppritz-Haus), 1651 m (E 3), Alpenverein, Postleitzahl: D-82467 Garmisch-Partenkirchen, im Sommer und Winter bewirtschaftet. Zugang: von Garmisch-Partenkirchen, 3 Std. oder mit der Kreuzeckbahn. Übergänge: zur Hochalm, ½ Std.; zur Höllentalangerhütte über das Hupfleitenjoch, 2 Std. Gipfel: Alpspitze, 2628 m, durch die Schöngänge, 3 Std. (nur für Geübte) bzw. über den Stuibensee 4 ½ Std.

Kreuzjochhaus, 1680 m (E 3), Naturfreunde, Postleitzahl: D-82467 Garmisch-Partenkirchen, ganzjährig bewirtschaftet. Zugänge: von Garmisch-Partenkirchen, 3 Std.; von der Kreuzeckbahn-Bergstation, 10 Min. Übergänge: zur Hochalm, 1 Std.; zur Höllentalangerhütte über das Hupfleitenjoch, 2 Std. Gipfel: Alpspitze, 2628 m, durch die Schöngänge, 4 Std. (nur für Geübte) bzw. über den Stuibensee 5 Std.; Kreuzjoch, 1719 m, 15 Min.

Meilerhütte, 2372 m (F 3), Alpenverein, Postleitzahl: D-82467 Garmisch-Partenkirchen, im Sommer bewirtschaftet. Zugänge: von Garmisch-Partenkirchen über Schachen, 5½ – 6 Std.; von Unterleutasch durch das Bergleintal, 4 ½ Std. Übergänge: zur Franz-Fischer-Hütte, 2 Std.; zum Schachenhaus, 1 Std. Gipfel: Westliche Törlspitze, 2427 m, 20 Min., Partenkirchener Dreitorspitze, Westgipfel, 2633 m, 2 Std. (nur für Geübte).

Münchener Haus, 2962 m (D 3), Alpenverein, Postleitzahl: D-82467 Garmisch-Partenkirchen, im Sommer bewirtschaftet. Zugänge: mit der Zugspitzbahn oder der Gondelbahn erreichbar; von der Knorrhütte, 2½ Std.; vom Gletscherbahnhof, 1 Std. Übergänge: zur Knorrhütte, 2 Std.; zur Wiener-Neustädter Hütte, 2 ½ Std. (nur für Geübte).

Oberreintalhütte, 1532 m (F 3), siehe Franz-Fischer-Hütte.

Schachenhaus, 1866 m (F 3), privat, Postleitzahl: D-82467 Garmisch-Partenkirchen, im Sommer bewirtschaftet. Zugang: von Garmisch-Partenkirchen, 4 ½–5 Std. Übergänge: zur Meilerhütte, 1 ½ Std.; zur Franz-Fischer-Hütte, 1 Std. Gipfel: Teufelsgsaß, 1942 m, 15 Min.; Schachentorkopf, 1957 m, ½ Std.

Stuibenhütte, 1635 m (E 3), Alpenverein, Postleitzahl: D-82467 Garmisch-Partenkirchen, Selbstversorgerhütte, Getränke erhältlich, beaufsichtigt von Weihnachten bis Ostern, im Sommer nicht zugänglich. Zugang: vom Kreuzeck, 1 Std. Übergang: zur Hochalm, 1 Std.

Tillfussalm, 1382 m (E 4), privat, Postleitzahl: A-6105 Leutasch, im Sommer bewirtschaftet. Zugänge: von Oberleutasch, 2 Std.; von der Ehrwalder Alm, 2 Std. Übergänge: zur Knorrhütte, ca. 3 ½ Std.; nach Strassberg über den Niedermundesattel oder zur Alplhütte, ca. 3 ½ Std.; zur Wettersteinhütte über die Rotmoosalm, 3 Std. Gipfel: Hohe Munde, 2662 m, 4 ½ Std. (nur für Geübte).

Wangalm, 1753 m (F 3), privat, Postleitzahl: A-6105 Leutasch, im Sommer bewirtschaftet. Zugang: wenige Minuten neben der Wettersteinhütte; siehe dort.

Wettersteinhütte, 1717 m (F 3), privat, Postleitzahl: A-6105 Leutasch, im Sommer und Winter bewirtschaftet. Zugang: von Oberleutasch, 2 Std. Übergang: zur Tillfussalm über die Rotmoosalm , 2 ½ Std.

Wiener-Neustädter Hütte, 2209 m (D 3), Österreichischer Touristenklub, Postleitzahl: A-6632 Ehrwald, im Sommer bewirtschaftet. Zugang: von Ehrwald, 3 ½ Std. Übergang: zum Münchener Haus, 3 Std. (nur für Geübte). Gipfel: Zugspitze, 2962 m, 2 ½ Std. (nur für Geübte).

Ortsbeschreibungen:

Die Telefon- und Faxnummmern der Fremdenverkehrsvereine bzw. Tourismusverbände finden Sie auf Seite 75.

Politische Übersichtsskizze 1:500 000

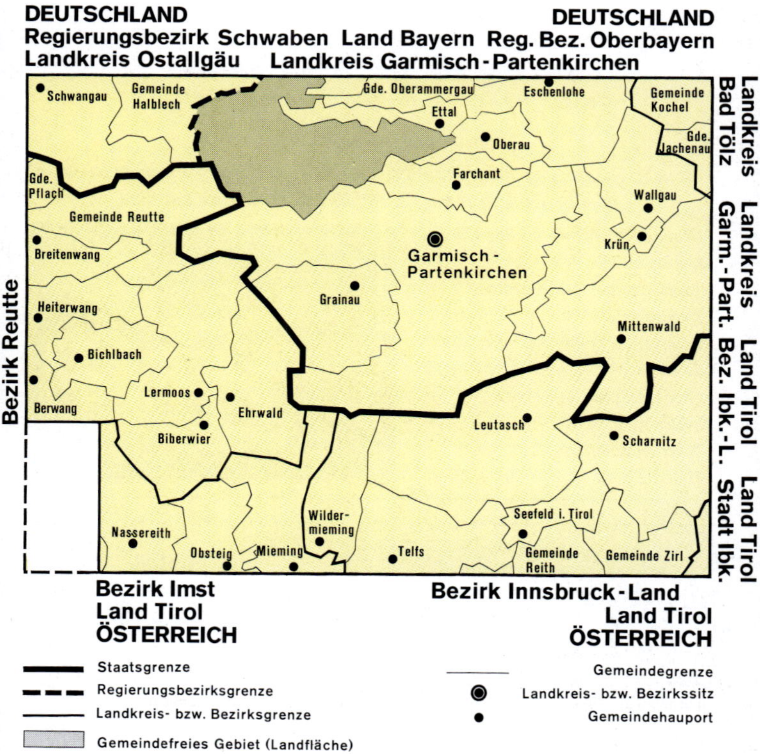

BERWANG siehe Anzeigen Seite 14 A 3

Gemeinde, Bezirk Reutte, Einwohner: 650, Höhe: 1336 m, Postleitzahl: A-6622. **Auskunft:** Tourismusverband Berwang. **Bahnstation:** Bichlbach-Berwang (4 km). **Busverbindung** nach Bichlbach.
Bergbahnen: Mehrere Sessel- und Schlepplifte.

Berwang liegt in einem wiesenreichen Hochtal abseits der Hauptverkehrslinie über den Fernpass, ist von dieser jedoch auf guter Straße zu erreichen. Ebenso führt eine gut ausgebaute Panoramastraße von Berwang über Namlos nach Stanzach im Lechtal. Der Name Berwang soll „Bärenwiese" bedeuten. Bären gab es jedenfalls in dieser Gegend noch vor hundert Jahren. Die zur Gemeinde gehörenden, weit auseinandergezogenen Ortschaften – Bichlbächle, Kleinstockach, Mitteregg, Brand

Ihre freundliche Familienpenison in Berwang

»Alpenhof«

Fam. Cornelia Hermes · A-6622 Berwang 3
Telefon + Fax von Deutschland 0043/5674/8278

Unser Service für Sie:

Wir holen Sie von den Bahnhöfen Bichlbach oder Garmisch Partenkirchen ab und bringen Sie nach Ihrem Aufenthalt bei uns wieder dort hin.

- Gemütliche Zimmer mit Bad/Du/WC und Kabel-TV
- Appartements bis 4 Personen
- Kaminecke
- reichhaltiges Frühstücksbuffet
- Solarium
- Gratis Badespaß in unserem Waldschwimmbad
- Biker willkommen
- Unterstellplatz für Fahrräder + Biker

Hotel Edelweiß

A-6622 Berwang 43
Telefon 05674/8423
Telefax 05674/8423-29
www.edelweiss-berwang.at

Wir freuen uns auf Ihren Besuch.
Fam. Sprenger

Mehr als nur Gast…
gemütliche und familiäre Atmosphäre und eine erstklassige Küche.

und Rinnen – entstanden durch Teilung der „Urhöfe", die ab dem 13. Jh. von Imst aus besiedelt wurden. Die Gemeinde wurde aber schon im 14. Jh. vom Gericht Imst dem Gericht Ernberg zugeteilt und kirchlich 1423 der Pfarrei Lermoos unterstellt. Die Zersplitterung der Höfe und die Zunahme der Bevölkerung führten zu einer relativen Übervölkerung, die die Berwanger zwang, als Hausierer, Maurer oder Zimmerleute zeitweise oder für immer ihr Glück in der Fremde zu suchen. Dieser starken Abwanderung wirkt nun schon länger der gut entwickelte Tourismus entgegen.

Sehenswert im Ort und in der Umgebung

Die **Pfarrkirche zum hl. Jakob** wurde in der 1. Hälfte des 15. Jh.s. erbaut und 1731 vergrößert, Schnitzgruppe „Das letzte Abendmahl" am Hochaltar von Johannes Obleitner (1945); von diesem auch die Tiroler Freiheitshelden an der Außenseite des Kriegerdenkmales am Friedhof; Altarblatt des alten Hochaltars von Paul Zeiller (1735) im Presbyterium. – Zahlreiche **Kapellen** im Gemeindegebiet: in **Bichlbächle** wurde die **Antoniuskapelle** 1735 erbaut (schöne Gemälde), in **Brand** die **Kapelle zu den sieben Schmerzen Mariens** (Seitenaltarbild von Paul Zeiller), und die **Marienkapelle** (spätbarocker Rechteckraum), in **Gröben** die barocke **Dreifaltigkeitskapelle**, in **Mitteregg** die **Kapelle Mariae Himmelfahrt** aus dem 17. Jh., in **Rinnen** die **Sebastianskapelle** (17. Jh., rechtes Altarbild von Paul Zeiller, 1698) und in **Kleinstockach** die **Kirche „Maria Heimsuchung"** aus dem Jahr 1842/43.

Spazierwege und Bergtouren

Auf den Alpkopf (1802 m) über die Heiterwanger Hochalm (1612 m): Über den Egghof und das Jägerhaus auf Fußweg (rot markiert) oder Forststraße zur Alm, 1 Std.; weiter zur Sattelhöhe, dann scharf rechts durch den Wald und zuletzt nach links über den Grat zum Gipfel, ½ Std. (mittel). – Auf den Roten Stein (2366 m): Über Gröben, den Älpelesbach hinauf zur Älpelealm und zum Gipfel (rot markiert), 3 – 3½ Std. (mittel). Der Abstieg über das Bichlbächler Jöchle ist schwierig!

BIBERWIER siehe Anzeigen Seite 15 C 3

Gemeinde, Bezirk Reutte, Einwohner: 580, Höhe: 989 m, Postleitzahl: A-6633. **Auskunft:** Tourismusverband Biberwier/Tourismusregion Tiroler Zugspitz Arena. **Bahnstation:** Lermoos (3 km). **Busverbindungen** nach Reutte, Imst und Innsbruck; Ortsverkehr mit Lermoos, Ehrwald, Obermoos-Zugspitzbahn.
Bergbahnen: Giselher Langes (Marienberg); Sessel- und Schleplifte. Tirols längste Sommerrodelbahn.

Biberwier ist ein Dorf inmitten einer traumhaften Bergkulisse, am Fuße des Fernpasses, abseits vom großen Tourismusstrom. Ruhe und Erholung in freier Natur. Der Name des 580 Einwohner zählenden Ortes kommt von den Bibern die früher in den klaren Gebirgsbächen zu Hause waren. Mit ein wenig Glück kann man die Biber auch heute noch beobachten.
Einst zogen die Römer auf der sogenannten Via Claudia Augusta auf dem Weg in den Norden durch Biberwier und hinterließen deutliche Spuren der "Römerstraße".

An manchen Stellen kann man auch noch die Spuren des Bergbaues erkennen. Durch mehr als vier Jahrhunderte wurden nämlich im Bergbaubetrieb Silberleiten an den Berghängen südöstlich des Dorfes (am Schachtkopf und am Wampeten Schrofen) silberhaltige Blei- und Zinkerze abgebaut und teils in einer eigenen Schmelzhütte verarbeitet. Nach dem Ersten Weltkrieg musste der Betrieb eingestellt werden. Doch bald lernten die Biberwierer, ihren „Bergsegen" durch die Umstellung auf den Fremdenverkehr in anderer Weise zu nutzen. Dies führte dazu, dass Biberwier heute einer der beliebten Urlaubsorte im Zugspitz-Talkessel ist. Seit 1984 werden Biberwier und Lermoos von einem Tunnel umfahren. Die Ruhe im Ort und seiner Umgebung, welche wohl zu den schönsten Landschaftsteilen Tirols zählt, bürgt für einen wahren Gesundheitsurlaub. Sind es im Winter die geräumten Wanderwege und eine Vielzahl von Liften, so bietet der Sommer Erholung beim Wandern, Baden, Tennis, Schachspielen im Freien oder bei einer Fahrt mit der längsten (1300 m!) Sommerrodelbahn Tirols .

Sehenswert im Ort und in der Umgebung

Die **Pfarrkirche zum hl. Josef**, 1827 – 1830 erbaut. Im Jahre 1843 wurde in der Kirche die Orgel von Johann Gräber aus Innsbruck aufgestellt. Deckenfresken von Albert Stolz aus Bozen (1929). – Die **Rochuskapelle zu den hll. Sebastian und Rochus** wurde nach der Pestseuche im Jahr 1611 erbaut, kunstvoller Rankenaltar von 1678; an der Fassade Gemälde des heimischen Malers Hans Valentin, 1928. – Reste der **Römerstraße „Via Claudia Augusta"**. – **Maria Hilf Kapelle** (1650), 1993 renoviert, mit neuromanischem Altar.

Spazierwege und Bergtouren

Nach Lermoos und Ehrwald, je ¾ Std. – Zum Fernpass: a) Über den Lärchenweg, die Alte Römerstraße und dem Weißensee entlang zum Waldsattel südlich der Fernpasshöhe (Aussichtspunkt) und weiter zum Hotel Fernpass, 2½ Std. b) Vom Dorf südwestlich auf dem Blindseeweg zum Blindsee, 1¼ Std. (links Abzweigung zu den Loisachquellen und zum Mittersee); auf gut gesichertem Steig bis zum Zufluss am Westufer, nun kurz flussauf und bald links steiler durch den Wald zur Straße und in 10 Min. zur Passhöhe, insgesamt 2 Std. – Biberwierer Höhenweg: An der Rochuskapelle vorbei und nach 30 Min. rechts ab auf den Höhenweg; in der Nähe der Skilift-Talstation über den Lärchenweg ins Dorf zurück, 1½ Std. – Auf das Marienbergjoch (1789 m): Südlich von Biberwier, von der Fernpassstraße am Weg 813 zum Joch, 2 Std. – Zur Coburger Hütte (1917 m): Bis zur Biberwierer Scharte (2000 m) am Weg 814, 3 Std., dann leicht absteigend zur Hütte, 30 Min. (rot markiert, mittel). – Zur Wolfratshauser Hütte (1751 m): Am nördlichen Ortsausgang am Wachtersteig zur Brettlalm (1350 m) und von dort westwärts weiter zur Hütte, 3 Std. – Auf den Grubigstein (2233 m): Von der Wolfratshauser Hütte auf den Gipfel, 1 Std. (mittel).

BICHLBACH siehe Anzeigen Seite 18 A 3

Gemeinde, Bezirk Reutte, Einwohner: 900, Höhe: 1075 m, Postleitzahl: A-6621. **Auskunft:** Tourismusverband Bichlbach/Tourismusregion Tiroler Zugspitz Arena. **Bahnstation:** Bichlbach. **Busverbindungen** nach Reutte, Innsbruck, Imst und Berwang.

Die zu einer Gemeinde zusammengeschlossenen Ortschaften Bichlbach, Wengle und Lähn sind Straßensiedlungen nahe der Wasserscheide zwischen Lech und Loisach. Die Entwicklung der drei Ortschaften aus wenigen Höfen steht in engstem Zusammenhang mit dem Verkehr. Bereits 1282 wird Mittewald, wo man gern die Pferde wechselte, als Warenniederlagsort erwähnt. Diese Siedlung, die auf dem sonnseitigen „Bichl“ am Ausgang des Wiestales lag, wurde 1456 durch Lawinen schwer heimgesucht, worauf man sie auf den sicheren Schwemmkegel des Riegelbaches verlegte. Für diesen neuen Ort setzte sich der schon 1404 urkundlich belegte Name Lähn durch. 1689 wurden, wiederum durch Lawinen, die restlichen Häuser von Mittewald zerstört, woran eine Tafel an der Kirchenmauer erinnert. Der Lech bildete bis zum Jahr 1816 die Diözesangrenze zwischen Brixen und Augsburg.

Sehenswert im Ort

Die **Pfarrkirche zum hl. Laurentius**, 1733 im Barockstil neu erbaut, Hochaltar aus der Klosterkirche Ettal, Altarblatt von Balthasar Riepp aus Kempten (1736), bemerkenswerte Decken- und Kreuzweggemälde (18. Jh.). – Die **Zunftkirche zum hl. Josef,** ein einheitlicher barocker Bau, die einzig erhaltene Zunftkirche in Österreich. Bichlbach war Sitz der Maurer- und Zimmerleutezunft des Gerichtes Ehrenberg. Im Jahr 1738 waren 1042 Maurer- und Zimmermeister und 142 Meister verschiedener Gewerbegruppen eingeschrieben. Die Zunft bestand bis 1849. Die Kirche wurde um 1710 nach Plänen vom schwäbischen Barockbaumeister Jakob Herkommer erbaut. Die Fresken werden Paul Zeiller (1711) zugeschrieben. Das Gemälde am Hochaltar stammt von Johann Heel (1710).

Spazierwege und Bergtouren

Nach Heiterwang durch die Wiesen, entlang der Bahnlinie (rot markiert), 1 Std. – Auf die Heiterwanger Hochalm (1612 m), westlich von Bichlbach (rot markiert), 1½ Std. – Zum Fernpass (Autobushaltestelle): Nach Süden über das Bichlbächler Jöchle (1942 m) und den Hinteren Pirchboden zur Passhöhe (rot markiert), 5 – 6 Std. – Auf die Kohlbergspitze (2202 m): Nach Norden und über die Südhänge zum Gipfel (rote Markierung), 3½ Std. (mittel). – Von Wengle auf den Daniel (2340 m): Das Wiestal aufwärts, dann östlich zur Bichlbacher Alpe (1591 m), 1½ Std.; weiter die Hänge querend zum Grünen Ups (1852 m), dann nördlich über den Bergrücken zur Upsspitze (2332 m) und weiter zum Daniel (rot markiert), 2 – 2½ Std. (mittel). Abstieg über die Tuftalm nach Lermoos empfehlenswert.

EHRWALD siehe Anzeigen Seite 18/19/22 C 3

Gemeinde, Bezirk Reutte, Einwohner: 2550, Höhe: 994 m, Postleitzahl: A-6632. **Auskunft:** Tourismusverband Ehrwald/Tourismusregion Tiroler Zugspitz Arena. **Bahnstation:** Ehrwald. **Bus-**

verbindungen nach Innsbruck, Reutte und Imst, Lokalverkehr zur Zugspitzbahn-Talstation und in der Saison mit Biberwier und Lermoos.
Bergbahnen: Tiroler Zugspitzbahn, Ehrwalder Almbahn und Schlepplifte.

Das „Tiroler Zugspitzdorf“ breitet sich am Ostrand des von den Lechtaler Alpen, der Mieminger Kette und dem Wetterstein eingeschlossenen Beckens aus. Dank seiner günstigen Lage entwickelte es sich zur zweitgrößten Gemeinde des Bezirks. Wie seine Nachbargemeinden Lermoos und Biberwier, mit denen es einst zu einer Großgemeinde zusammengeschlossen war, lebt Ehrwald seit je zu einem gut Teil vom Verkehr über den Fernpass. Bedeutende Einnahmen bezog es einst als Salzniederlagsort und seit 1659 durch das Privileg, die Fassdauben für die Saline Solbad Hall (seit 1967 Hall in Tirol) liefern zu dürfen. Im 18. und 19. Jh. stellten die Ehrwalder in Heimarbeit Kämme und Pfeifenspitzen her, mit denen sie die ganze Monarchie Österreich – Ungarn belieferten. Im Negelseekar herrschte einst reger Bergbaubetrieb. Bessere Zeiten brachen ab 1900 durch das Aufblühen des Fremdenverkehrs an, der heute den Charakter des schmucken Dorfes prägt.

Sehenswert im Ort und in der Umgebung

Die **Pfarrkirche Maria Heimsuchung,** 1729 neu errichtet, 1784 erweitert. Die Innenausstattung stammt vorwiegend aus dem 19. Jh. Das Fassadenfresko am Sakristeianbau und die Deckengemälde im Schiff stammen vom heimischen Maler Roman Fasser (1960), die Kreuzweg-

Der Seebensee inmitten herrlicher Gebirgslandschaft

stationen von Henry Dante Alberti (1964). Das Tafelbild „Letztes Abendmahl" (nach Leonardo da Vinci) von Otto van Veen (gestorben 1626). – Die **Pestkapelle im Gaistal** in schöner Aussichtslage wurde 1634 erbaut. – Die **Zugspitze** liegt an der Grenze zwischen Tirol und Bayern und ist mit 2962 m Deutschlands höchster Gipfel. Sie wurde von der Tiroler Seite bereits 1924 – 1926 durch eine kühn angelegte Seilschwebebahn erschlossen. – **Naturschutzgebiet Ehrwalder Becken.**

Spazierwege und Bergtouren

Auf dem Feldweg nach Lermoos, 40 Min. – Auf dem Moosweg nach Biberwier, 50 Min. – Koppensteig: Erst östlich über das Hotel Spielmann, dann südlich zum Gaistaler Hof und zurück (rot markiert), 2 Std. – Ehrwalder Höhenweg: Über das Hotel Spielmann den Lähngraben hinauf, dann nach Norden auf dem Höhenweg bis fast zur Hauptstraße; vorher links abbiegen und über den Plattenweg zurück, ca. 3 Std. – Zum Seebener-Wasserfall: Hinter dem Gaistaler Hof nach Süden, den Bach auf der Holzbrücke überqueren und hinauf zum Wasserfall (blau-weiß markiert), 1 Std.; zurück über den Alten Mühlenweg, insgesamt 2 Std. – Durch das Gaistal nach Oberleutasch: Auf die Ehrwalder Alm (Bergstation der Seilbahn, 1493 m) auf dem Fahrweg (rot markiert) oder hinter dem

Ehrwald am Fuße der Zugspitze

Gaistaler Hof rechts abzweigend auf dem Wiesenweg (rot-weiß markiert), 1½ Std.; weiter über Pestkapelle und Feldernalm durch das Gaistal nach Oberleutasch (rot markiert), insgesamt 5½ Std.; zurück mit dem Bus. – Zum Eibsee: Über Obermoos zur Hochthörlehütte (1459 m), 2 Std.; weiter über die Staatsgrenze zum See (rot markiert), insgesamt 3½ Std. – Rund um den Thörle am Thörlenweg: Über Obermoos und die Hochthörlehütte auf dem Forstweg um das Massiv herum und über den Plattenweg zurück (rot markiert), 4 Std. – Zur Coburger Hütte (1917 m): Über die Ehrwalder Alm, die Seebenalm und den Seebensee (rot markiert), 3½ Std. oder über den Hohen Gang (1670 m, nur für Schwindelfreie). – Auf die Zugspitze (2962 m): Über die Ehrwalder Alm, die Pestkapelle, das Gatterl, die Knorrhütte bis unterhalb des Bahnhofs Zugspitzplatt, 7½ Std. Weiter mit der Gletscherbahn oder über den Westgrat zum Westgipfel, 1½ Std. (nur für Geübte); der teilweise gesicherte Georg-Jäger-Steig über die Wiener-Neustädter Hütte ist zwar wesentlich kürzer (ca. 6 Std.), sollte aber nur von sehr geübten Bergsteigern begangen werden.

EINSIEDL H 1

Weiler der Gemeinde Kochel am See, Landkreis Bad Tölz-Wolfratshausen, Einwohner: 30, Höhe: 812 m, Postleitzahl: D-82432 Walchensee. **Auskunft:** siehe Walchensee. **Bahnstation:** Kochel am See (14 km). **Busverbindung** nach Kochel am See und Wallgau – Mittenwald.

An einer durch die Halbinsel Zwergern und das Südufer des Sees gebildeten Bucht liegt dieser idyllische Flecken. Durch die hier mündende Obernach wird über den Isarkanal ein Teil der bei Krün aufgestauten Isar in den See geleitet, um genügend Wasser für den Betrieb des Walchensee-Kraftwerks zu gewinnen. In Einsiedl zweigt die am Südufer entlangführende Mautstraße in die Jachenau von der Deutschen Alpenstraße ab.

Spazierwege und Bergtouren

Siehe auch Anschlussblatt, KOMPASS-Wanderkarte 6 „Walchensee – Wallgau – Krün“.

Zum Klösterl über Zwergern, ½ Std. oder über den Katzenkopf, ¾ Std. – Nach Niedernach auf der Mautstraße entlang des Südufers, 2 Std., zahlreiche Bademöglichkeiten unterwegs. – Zum Angerlloch (Höhle) über Obernach, ½ Std. – Zu den Hochkopfhäusern (ca. 1300 m) durch den Wald, 3 Std. (leicht). – Auf den Simetsberg (1837 m) über Obernach, 3 Std. (leicht). – Nach Eschenlohe durch das Eschenleinetal, 3 Std. (leicht).

ELMAU G 2-3

Weiler der Gemeinde Krün, Landkreis Garmisch-Partenkirchen, Einwohner: ca. 100, Höhe: 1003 m, Postleitzahl: D-82493 Klais. **Auskunft:** siehe Krün. **Bahnstation:** Klais (6 km).

Der herrliche Talboden gab dem Schloss seinen Namen. Elmau wird schon um 1400 als Schwaige „in der unteren Scharnitz“ genannt. 1916 erbaute dort der Theologe Dr. Johannes Müller das **Schloss Elmau** (jetzt Hotel), wenige Jahre nachdem eine reiche Engländerin das

Schloss Kranzbach (jetzt Hotel, Restaurant und Cafe) im schottischen Stil erbaut hatte. Elmau wurde bekannt durch seine alljährlich gut besuchten Schlosskonzerte. Die mautpflichtige Fahrstraße von Klais führt am Schloss Kranzbach vorbei und endet im Talkessel von Elmau beim Alpengut Elmau ("König Ludwigs Einkehr" Hotel, Restaurant und Cafe).

Spazierwege

Nach Mittenwald, über den Ferchen- und Lautersee; der Weg führt immer dem Ferchenbach entlang, 2½ Std. – Zur Elmauer Alm (1201 m), 1 Std., meist schattiger Weg. – Zur Partnachklamm, 2 Std. – Nach Wamberg (926 m), 1¼ Std.; am bewaldeten Südhang des Wamberges hinauf und auf gutem Weg zum Ort. – Auf den Hohen Kranzberg (1391 m), 1½ Std. – Zum Eckbauer (1220 m), 1½ Std. – Auf die Wettersteinalpe (1464 m), 2 Std.; von dort weiter zum Schachenhaus (1866 m), 1½ Std., Unterkunftshütte, Jagdhaus von König Ludwig II., Alpengarten, berühmter Aussichtspunkt.

ESCHENLOHE siehe Anzeigen Seite 27 G 1

Gemeinde, Landkreis Garmisch-Partenkirchen, Einwohner: 1500, Höhe: 640 m, Postleitzahl: D-82438. **Auskunft:** Verkehrsamt Eschenlohe. **Bahnstation:** Eschenlohe. **Busverbindungen** nach Garmisch-Partenkirchen und Murnau.

Eschenlohe ist ein beliebter Ferien- und Erholungsort im Werdenfelser Land. Bei Eschenlohe öffnet sich das Loisachtal trichterförmig zum weiten Becken des Murnauer Mooses. Orte von solcher Lage sind fast immer Standorte mittelalterlicher Burgen. Die Burg von Eschenlohe stand auf dem Felsvorsprung, auf dem heute noch die Nikolauskapelle steht. Das edelfreie Geschlecht, das sich nach dieser Burg nannte, die Grafen von Eschenlohe, übten Herrschaftsrechte im Werdenfelser Land, im Oberinntal und in Südtirol aus. Nach ihrem Aussterben kam der Ort in den Besitz des Hochstifts Augsburg, bis er 1332 von Kaiser Ludwig dem Bayern erworben und zur Gründungsausstattung des Klosters Ettal verwendet wurde. Bis 1803 blieb der Ort unter der Gerichtsherrschaft und Grundherrschaft des Klosters. Der für eine Dorfkirche außergewöhnlich aufwendige Zentralbau der Pfarrkirche ist daher zu erklären.

Sehenswert im Ort und in der Umgebung

Die **Pfarrkirche zum hl. Clemens** wurde 1765 – 1782 wohl nach einem Entwurf von Michael Fischer erbaut; interessanter Zentralbau zwischen Spätrokoko und Frühklassizismus mit guter Ausstattung. – Auf dem **Festbühl** die **Kapelle zum hl. Nikolaus**, 1628 erbaut, mit lebensgroßer Holzfigur des Heiligen.

Spazierwege und Bergtouren

Nach Oberau am Mühlbach und Pfrühlmoos entlang, 1½ Std. – Nach Einsiedl am Walchensee durch das Eschenlainetal und durch die Gachen-Tod-Klamm, ca. 3½ Std. – Nach Höllenstein, ½ Std. – Auf die Hohe Kisten, 1922 m, über die Pustertalalm-Jagdhütte, 1321 m, ca. 4 Std. (mittel) mit Weiterweg zur Weilheimer Hütte, 1955 m, unterhalb vom Krottenkopf, 1 Std. – Auf das Ettaler Manndl, 1633 m, über Plaicken und den

Soilasee, ca. 3½ Std. (Drahtseilversicherter Gipfelaufbau erfordert Schwindelfreiheit). – Auf die Osterfeuerspitze, 1368 m, 2 Std.

ETTAL siehe Anzeige Seite 22 EF 1

Gemeinde, Landkreis Garmisch-Partenkirchen, Einwohner: 1050, Höhe: 877 m, Postleitzahl: D-82488. **Auskunft:** Gemeindeverwaltung Ettal. **Bahnstationen:** Oberammergau (5 km) und Oberau (6 km). **Busverbindungen** nach Oberau und Oberammergau.

Von Oberau über den Kienberg (Ettaler Berg) führte ein Zweig der Straße Verona – Augsburg, der seit der Römerzeit wahrscheinlich stärker befahren wurde als die durch das Murnauer Moos führende Trasse. An der Stelle, an der diese wichtige Straße die Steigung überwunden hat und ins Ammertal eintritt, gründete Kaiser Ludwig der Bayer, als er 1330 aus Italien heimkehrte, das Kloster Ettal und übergab ihm zur Ausstattung den ganzen Ammergau und später noch den Markt Murnau mit dem Staffelsee, Eschenlohe und weitere Besitzungen vor dem Gebirge. Die daraus entstehende Herrschaft nannte sich „Kaiserlich gefreites Klostergericht Ettal“, wurde aber nicht reichsunmittelbar, sondern blieb dem Herzogtum Bayern eingegliedert. Ludwig der Bayer besetzte das Kloster mit Benediktinern und gründete dabei ein Ritterstift für Männer und Frauen, das sich nach dem Tode des Kaisers nicht hielt, auf das aber das tempelartige Rund der Kirche zurückgeht, das der jetzige barocke Bau vom älteren gotischen Bau übernommen hat. Ettal entwickelte sich zu einem berühmten Wallfahrtsort (Gnadenbild Maria mit Kind aus italienischem Marmor, um 1330). 1710 errichtete Abt Placidus Seitz beim Kloster eine Ritterakademie und begann mit dem Umbau von Kirche und Kloster, der nach einem verheerenden Brand von 1744 erst in der zweiten Jahrhunderthälfte vollendet wurde. Das 1803 säkularisierte Kloster kam 1898 in den Besitz von Theodor Freiherr von Cramer-Klett, der die Gebäude den Benediktinern von Scheyern übergab. 1905 entstand in den Klostergebäuden ein Gymnasium mit Internat, 1907 wurde Ettal wieder zur Abtei erhoben.

Sehenswert im Ort und in der Umgebung

Die **Klosterkirche zu Unserer lieben Frau,** nach dem Brand von 1744 zum Teil nach Plänen von Enrico Zuccali wiederhergestellt und ausgebaut von Franz Schmuzer aus Wessobrunn. Die im Kern erhaltene mittelalterliche Anlage ist ein Zwölfeck mit doppelgeschossigem Umgang, einst mit gotischem Netzgewölbe, jetzt mit barocker Kuppel. Hervorragende Ausstattung: Stuck von J. B. Zimmermann und J. G. Üblherr, Kuppelfresko von J. J. Zeiller, Chorkuppelfresko von M. Knoller (1786), Seitenaltäre im Hauptraum und Kanzel von J. B. Straub. Prächtige Sakristei. – Die **Klostergebäude** wurden zum großen Teil im 20. Jh. neu erbaut, nur ein Teil der alten Gebäude mit dem Bibliothekssaal ist erhalten. – Die **Talquellen der Ammer,** südlich des Rahmer Hofs beiderseits der Fahrstraße. Nachdem ein großer Teil des Wassers, das die Ammer und ihre Seitenbäche von den Bergen herabführen, im Schutt des Lindergrieses versickert ist, drängt es am Rand des Ettaler Weidmooses in zahlreichen kleinen und größeren Quellen wieder zu Tage. – Typisch für einen alten Ettaler Klosterhof im Graswangtal ist die **Dickelschwaige** (jetzt Forst-

haus) mit der hübschen, 1644 erbauten **Kapelle St. Gertrud**. – Im Gemeindebezirk von Ettal liegt auch **Schloss Linderhof.** Schon König Max II. benutzte den ehemals ettalischen Linderhof im Graswangtal als Jagdhaus. Sein Sohn König Ludwig II. trug sich seit 1869 mit dem Gedanken, dort ein Schloss zu bauen. So entstand 1874 – 1878 das Schloss Linderhof nach dem Vorbild von Petit Trianon im Park von Versailles, entworfen von G. Dollmann, ausgestattet unter der Leitung des Hoftheaterdirektors Franz Seitz. In dem von Karl v. Effner geplanten Park die Blaue Grotte und der Maurische Kiosk, den König Ludwig auf der Pariser Weltausstellung erwarb. Im Schloss Linderhof ist es dem König wohl am besten gelungen, einen Traum zu verwirklichen. Wenn im Sommer die Wasserwerke spielen und die Linden duften, spüren die Tausende von Besuchern kaum etwas von der Schwermut, die den König auch in Linderhof nicht verließ.

Spazierwege und Bergtouren

Zum Schloss Linderhof über die Ettaler Mühle, die Dickelschwaige, Graswang und auf dem Kohlbachweg, 2 Std. – Nach Oberau der alten Straße folgend, ¾ Std. – Nach Oberammergau über die Ettaler Mühle und die Ammer entlang, 1 Std. (seltene Flora). Rückweg über die Bärenhöhle, die Kapellenwand und den Vogelherd. – Auf das Ettaler Manndl, 1633 m, durch den Tiefentalgraben, 2 Std. (der drahtseilversicherte Gipfelaufbau erfordert Schwindelfreiheit und Gewandtheit, sonst leicht). – Auf die Notkarspitze, 1889 m, über den Ochsensitz, 3 Std. (mittel).

FARCHANT siehe Anzeige Seite 27 F 2

Gemeinde, Landkreis Garmisch-Partenkirchen, Einwohner: 3800, Höhe: 671 m, Postleitzahl: D-82490. **Auskunft:** Verkehrsamt Farchant. **Bahnstation:** Garmisch-Partenkirchen. **Busverbindungen** nach Garmisch-Partenkirchen und Murnau.

Farchant liegt 3 km vor der Wintersportmetropole Garmisch-Partenkirchen und bietet optimale Voraussetzungen sowohl für Wanderungen in der weiten Ebene des Loisachtales als auch für Bergtouren im Ammer- und Estergebirge.

Die Geschichte reicht weit zurück. Am Spielleitköpfl wurde vor kurzem eine heidnische Kultstätte entdeckt. Hier fanden im 6. und 5. Jh. vor Christus Brandopfer statt. Germanische Bayuwaren gründeten um 600 nach Christus den Ort “Forahaida” (= Föhrenheide). Erstmals urkundlich erwähnt wurde Farchant im Jahre 807. Zwischen 1700 und 1800 nahm das Dorf unter dem Hohen Fricken mit seinen gut 300 Einwohnern einen ungeahnten wirtschaftlichen und kulturellen Aufschwung, lag es doch an einer wichtigen europäischen Handelsstraße. Das Dorf hat seinen ländlichen Charakter – mit prächtigen Bauernhäusern – bis heute bewahrt. Zuletzt veränderte der Bau der Bahnlinie München – Garmisch im Jahre 1889 zusehends das Gesicht des Ortes und des ganzen Zugspitzlandes, da hiermit auch der Fremdenverkehr in der Region Einzug hielt.

Sehenswert im Ort und in der Umgebung

Mehrere **Bauernhäuser** aus dem 17. und 18. Jh. schmücken auch heute noch das Ortsbild. – Die **Pfarrkirche zum hl. Andreas** wurde 1728/29 vom Münchener Stadtbaumeister Johann Mayr erbaut. Die Farchanter ließen aus den Steinen der verfallenden Burg Werdenfels anstelle der gotischen, eine neue barocke Kirche errichten. – **Kuhfluchtwasserfälle:** Unter dem Hohen Fricken befindet sich ein riesiges unterirdisches Höhlensystem, wo das gesamte Wasser des Esterbergtalkessels zusammenfließt und dann mit geballter Wucht aus der Felswand des Kuhfluchtgrabens ausbricht. – Wanderung am **Walderlebnispfad** bei den Wasserfällen. – Für Kletterfreunde sei auf Deutschlands höchsten **Hochseil-Klettergarten** hingewiesen.

Spazierwege und Bergtouren

Zu den Kuhfluchtwasserfällen. Schöner Wanderweg durchs Kuhfluchtwäldchen zur oberen Brücke und zum Wasserfall, ca. ¾ Std. von der Loisachbrücke aus; folgt man dem Weg weiter, gelangt man zum 1940 m hoch gelegenen Hohen Fricken (nur für Geübte), ca. 3 Std. – Nach Garmisch-Partenkirchen auf dem Philosophenweg (an der östlichen Talseite), ca. 1 Std. – Zum Pflegersee. Über den Waldsaumweg an der westlichen Talseite gelangt man zur Forststraße zum Reschberg. Von dort geht es weiter zum See, ca. 1½ Std. – Zur Esterbergalm (1265 m). Beim Parkplatz am Schwimmbad beginnt der Steig und endet an der Forststraße, die von Partenkirchen aus heraufkommt. Man folgt der Fahrstraße weiter bis zur Aualm, ca. 1½ Std. Von der Esterbergalm kann man weitergehen zum 1779 m hohen Wank (Seilbahn nach Partenkirchen, ca. 1 weitere Stunde) oder zum 2086 hohen Krottenkopf (etwas unterhalb liegt die Krottenkopfhütte), ca. weitere 2 Stunden.

Kuhfluchtwasserfälle

GARMISCH-PARTENKIRCHEN siehe Anzeigen Seite 32/35 EF 2

Marktgemeinde, Landkreis Garmisch-Partenkirchen, Einwohner: 27 000, Höhe: 708 m, Postleitzahl: D-82467. **Auskunft:** Kurverwaltung Garmisch-Partenkirchen, Richard-Strauss-Platz 1a. **Bahnstation:** Garmisch-Partenkirchen. **Busverbindungen** nach allen Richtungen. **Bergbahnen:** 1. Bayer. Zugspitzbahn: Zahnradbahn, von Garmisch-Partenkirchen zum Zugspitzplatt (2600 m), Länge: 19 km, 75 Min. 2. Eibsee-Seilbahn: Großkabinenbahn vom Eibsee (1000 m) direkt zum Zugspitzgipfel (2962 m), Länge 4450 m, 10 Min. 3. Gletscherbahn: Kabinen-Gipfel-Seilbahn, vom Gletscherbahnhof Zugspitzplatt (2600 m) zum Zugspitzgipfel (2962 m), Länge 700 m, 4 Min. 4. Alpspitzbahn: Großkabinenbahn, von Garmisch zum Osterfelderkopf (2030 m), Länge 3800 m, 9 Min. 5. Hochalmbahn: Großkabinenbahn, von der Alpspitz-Bergstation zur Hochalm (1704 m), Länge 900 m, 4 Min. 6. Kreuzeckbahn: Großkabinenbahn, vom Ortsteil Garmisch auf das Kreuzeck (1652 m), Länge 2318 m, 8 Min. 7. Wankbahn: Großkabinenbahn, vom Ortsteil Partenkirchen auf den Wank (1779 m), Länge 2670 m, 10 Min, 8. Eckbauerbahn: Kleinkabinenbahn, vom Olympia-Skistadion zum Eckbauer (1220 m), Länge 2135 m, 14 Min. 9. Hausbergbahn: Großkabinenbahn, vom Ortsteil Garmisch auf die Hausberghöhe (1347 m), Länge 2000 m, 5 Min. 10. Kreuzwanklbahn: Sesselbahn, von der Bergstation Hausbergbahn zu den Kreuzwankln (1550 m), Länge 1325 m, 10 Min. 11. Graseckbahn: automatische Kleinkabinenbahn, vom Eingang der Partnachklamm zum Forsthaus Graseck (891 m), Länge 520 m, 3 Min. Talstation 20 Min. vom Skistadion, ab dort Pferdegespanne.

Das weite Talbecken von Garmisch-Partenkirchen ist reich an Sonneneinstrahlung, windgeschützt und niederschlagsarm. Das ausgezeichnete Klima, die landschaftliche Schönheit und die gute Verkehrslage begünstigten die Entwicklung von Garmisch-Partenkirchen zum größten heilklimatischen Kurort und Wintersportzentrum in den bayerischen Alpen. – Die große Marktgemeinde entstand 1935, als die beiden Orte Garmisch und Partenkirchen, die schon seit 1890 einen gemeinsamen Bahnhof hatten, zusammengelegt wurden. Die historische Eigenständigkeit und die unterschiedliche Struktur der beiden alten Ortskerne ist noch heute unverkennbar.

Garmisch entstand dagegen als dörfliche Siedlung der frühbayerischen Zeit (älteste Namensform Germareskowa) am Loisachknie, dort wo die Loisach anfing, flößbar zu werden, und der Ort hat etwas von seinem dörflichen Charakter bis heute bewahrt. Deutlich kann man zwei Ortsteile unterscheiden: Auf dem linken Loisachufer den Martinswinkel um die Alte Garmischer Kirche mit dem „Rain“ (heute Frühlingsstraße) und auf dem rechten Loisachufer das „Niklasdorf“ mit dem Gries zwischen Mühlbach und Loisach. Es hat seinen Namen nach einer alten Niklaskapelle, an deren Stelle 1730 die neue Pfarrkirche St. Martin erbaut wurde. Seit dem Frühmittelalter war Garmisch Sitz der Mutterpfarre für das ganze Werdenfelser Land. Später wurde es Sitz des Landrichters der Grafschaft. Der Ort besaß auch nahezu die gleichen Rechte wie Partenkirchen und Mittenwald, so wurden etwa schon im 15. Jh. „Rat und Gemeinde“ genannt. Dennoch wurde Garmisch erst nach dem Übergang an Bayern, also nach 1803, als Markt eingestuft. Nach dem Rückgang des Rottwesens (vergleiche Mittenwald) hatte für Garmisch die Flößerei noch immer große Bedeutung. Fässer mit Gips (siehe Oberau), Kreide und Kalk wurden nach München geflößt. Zudem war in Garmisch das Fassbinden („Fasslmachen“) und Schindelschneiden daheim. 1884 gab es noch 87 Fassl- und Schindlmacher in Garmisch. 1885 gingen noch 2500 Flöße nach München. 1889 wurde die Bahnlinie eröffnet, und wenige Jahre später wurde die Flößerei als unrentabel eingestellt. Indessen hatten Münchner Studenten und Maler die romantische Schönheit des Werdenfelser Landes entdeckt. Um 1860 kamen bereits die ersten Feriengäste aus Berlin. Um 1900 war Garmisch-Partenkirchen die beliebte, noch ländliche Sommerfrische für die bessere Gesellschaft. Villen und Landhäuser entstanden, bis 1925 verdreifachte sich die Einwohnerzahl. Die Winterolympiade von 1936 machte Garmisch-Partenkirchen auch als Wintersportort weltberühmt. 1978 fanden die alpinen Ski-Weltmeisterschaften statt.

Partenkirchen, der ältere der beiden Orte, gibt sich durch die geschlossene Bebauung der Hauptstraße (Ludwigstraße und Ballengasse) als alter Marktort zu erkennen. Es hat den Namen der römischen Straßenstation Parthanum bewahrt und lebte, wie Mittenwald, auch im Mittelalter vom Verkehr auf der alten Straße von Augsburg nach Verona und Venedig. Auch Partenkirchen war Rottstation mit der Warenniederlage im Ballenhaus. Die alten Häuser an der Ludwigstraße haben daher noch große gewölbte Keller und breite Einfahrten. Im ehemaligen Gasthof zum Stern, jetzt Posthotel Partenkirchen, konnten noch im 19. Jh. 120 Pferde eingestellt werden.

Einst eine römische Handelsstraßenstation: Partenkirchen

Sehenswert im Ort und in der Umgebung

In **Garmisch:** Die **alte Kirche zum hl. Martin,** ein im Kern noch romanischer Bau (um 1280 Nordwand und Turmunterbau) wurde im 15. Jh. erweitert (das Schiff verbreitert und der gotische Altarraum angebaut) und erhielt um 1522 ein Netzgewölbe eingezogen. Wertvolle Wandmalereien (Christophorus 1340, alles andere nach 1400) und kleine Glasgemälde um 1400 (hinter dem Hochaltar). Die kleine, aber in ihrer Schlichtheit merkwürdig monumentale Kirche hat noch etwas von der Stimmung des Mittelalters bewahrt. – Die **neue Pfarrkirche zum hl. Martin** wurde seit 1730 von Joseph Schmuzer aus Wessobrunn erbaut,

mit Deckenfresken von Matthäus Günther, Fresken an der Westwand vom Oberammergauer „Lüftlmaler" Franz Zwink 1776 und reiche Rokokanzel von 1782. – Fassade des ehemaligen **Hotel Husar** bei der Alten Kirche, erbaut 1611, mit reizender Hausmalerei von ca. 1830. – **Kriegergedächtniskapelle** am Kramer, 1952. – Die **Alte Apotheke** wurde um 1790 als Haus eines italienischen Kaufmanns erbaut.
In **Partenkirchen:** Die **Pfarrkirche Mariä Himmelfahrt** wurde nach dem Ortsbrand von 1865, dem mit der Kirche 76 Anwesen zum Opfer fielen, im neugotischen Stil erbaut. Aus der alten Kirche erhalten ist das ehemalige Hochaltarbild Mariä Himmelfahrt eines Tizianschülers. – In den Notjahren des Spanischen Erbfolgekrieges gelobten einige Partenkirchener Bürger bei Abwendung der Kriegsgefahr von ihrem Heimatort, eine Kirche zu erbauen. Die schön gelegene **Votiv- und Wallfahrtskirche zum hl. Anton,** zu der ein Kreuzweg führt, wurde etwa 30 Jahre später um einen kleinen achteckigen Zentralbau (1708) erweitert. Das wertvollste, das sie birgt, ist das Deckengemälde der Ovalkuppel, das einzige erhaltene Deckengemälde des genialen Johann Ev. Holzer, der mit 32 Jahren starb und dessen größtes Werk, die Deckengemälde von Münsterschwarzach, mit der Klosterkirche im 19. Jh. untergingen. – Die ehemalige **Pestkapelle St. Sebastian und Rochus**, 1637 geweiht, jetzt Kriegergedächtniskapelle mit Außenfresken und Kriegerdenkmal von Josef Wackerle, 1924. – Der **Floriansbrunnen** auf dem Floriansplatz, gestiftet vom Münchener „Sommerfrischler" W. v. Miller. – Das **Werdenfelser Heimatmuseum** in der **Ludwigstraße** mit reicher Sammlung von Volkskunst.
Die **Wildfütterung** an der Almhütte. – Die Sportanlagen **Olympia-Skistadion** mit den drei Sprungschanzen und **Olympia-Eissport-Zentrum** mit Publikumslauf auch im Sommer (Juli). – Ehemalige Burg **Werdenfels,** der mittelalterliche Sitz der Freisinger Pfleger (daher Pflegersee, Pflegeralm). Seit dem 17. Jh. Ruine. Der Zug der Ringmauer, das innere Burgtor und der ehemalige Pallas sind noch erkennbar.
Wamberg, ein Weiler der Marktgemeinde Garmisch-Partenkirchen, ist das höchstgelegene Kirchdorf der Bundesrepublik. Schöne, z. T. bemalte Bauernhäuser liegen verstreut in parkähnlichem Gelände hoch über dem Tal. Sehenswert ist die **Kirche zur hl. Anna,** die 1720/21 unter Mitwirkung des gebürtigen Wamberger Bildhauers Andreas Onich erbaut wurde und eine hübsche Ausstattung besitzt. – Das **Kainzenbad** hat schwefelhaltige Quellen (9 Grad), die schon im 16. Jh. von einer „Badegesellschaft" genutzt wurden. – Die 70 m tiefe und 7 km lange **Partnachklamm**, die in hellen Wettersteinkalk und dunklen Muschelkalk eingeschnitten sind, freundlicher wirkt als die düstere Höllentalklamm, entstand durch rückschreitende Erosion am Absturz des höher gelegenen Reintals in das tiefere Tal des Kankerbachs. Die eiserne Klammbrücke wurde in den 80er Jahren des 19. Jh. erbaut. – **Schachen:** König Ludwig II. ließ 1871 das Jagdschloss auf dem Schachen erbauen, das wie ein Schweizerhaus aussieht, im Erdgeschoss die Wohnräume des Königs und im Obergeschoss einen maurischen Saal besitzt. Schönster Rundblick von der Felskanzel des Schachenpavillons. – In der Nähe des

Schlosses unterhält der Verein zum Schutz und zur Pflege der Alpenpflanzen einen **Alpengarten.**

Die **Zugspitze,** oder wie es in der Mundart heißt, der Zugspitz, ist mit 2962 m der höchste Berg Deutschlands. Auf dem Zugspitzgrat verläuft die Landesgrenze zwischen Bayern und Österreich. Bis ins frühe 19. Jh. kamen nur Hirten und Forstleute durch das Reintal hinauf bis an den Fuß des Zugspitzgletschers. Die ersten Hütten im Reintal waren Hirtenunterkünfte (Bockhütte vor 1807, Angerhütte 1820). Erstbesteigung des Zugspitzwestgipfels im Jahr 1820 durch Leutnant Nau. Weitere Erschließung: 1855 Stiftung der Knorrhütte durch die Münchner Angelo und Julius Knorr. – 1876 Ausbau des ersten Touristensteigs, 1884 Wiener-Neustädter-Hütte, 1888 Eiserne Brücke über die Höllentalschlucht, 1893 Höllentalhütte, 1897 Münchner Haus, 1900 meteorologisches Observatorium, heute ergänzt durch eine Station des Max-Planck-Instituts für Höhenstrahlenforschung und eine Dezimeterstelle der Telekom für Radio- und Fernsehübertragung. Das Schneefernerhaus wird als Forschungsstätte des Fraunhofer-Instituts für atmosphärische Umweltforschung genutzt. – Pläne, eine Bahn auf die Zugspitze zu bauen, entstanden während des Ersten Weltkriegs. Deutschen Plänen kam die österreichische Seilschwebebahn 1923 zuvor. 1926 – 1930 wurde die Zahnradbahn von Garmisch zum Schneeferner gebaut, 1931 die Seilschwebebahn vom Schneefernerhaus zum Gipfel, 1963 die Großkabinenseilbahn vom Eibsee zum Zugspitzgipfel. 1992 Neubau des Gletscherbahnhofs mit Panorama-Gasthaus Sonn-Alpin auf dem Zugspitzplatt (2600 m); neue, großzügige Kabinen-Gipfelseilbahn.

Spazierwege und Bergtouren

Zur Höllentalklamm über Schmölz und Hammersbach, 2 Std. – Zur Partnachklamm, deren Eingang man in 20 Min. vom Skistadion aus erreicht. – Zum Gschwandtnerbauer über die Berghöfe Schlattan und die Pfeiferalm, 1½ Std. – Kramer-Plateau-Weg. Er führt etwa 100 m oberhalb von Garmisch-Partenkirchen an den Südhängen des Kramer entlang. Ausgangspunkt ist das Hotel Sonnenbichl, Endpunkt die Loisachbrücke am Herrgottsschrofen, 1½ – 2 Std. – Auf den Wank (1779 m). Über die Gams- und Eckenhütte, 3 Std. oder mit der Seilbahn. – Auf die Kramerspitz (1982 m) über die Stepbergalm oder den Grasberg und Gasthof St. Martin, 4 – 4½ Std.

Von **Wamberg**: Rundtour durch die Partnachklamm, 3¼ Std. Von Wamberg dem Sträßchen folgend abwärts nach Kainzenbad mit dem Olympia Skistadion, ½ Std.; von dort der Partnach folgend durch die Partnachklamm und von ihrem Ausgang aus Aufstieg zum Eckbauer (1220 m), 2 Std.; von dort bequeme Wanderung über Wiesen zurück nach Wamberg, ¾ Std. – Zur Elmauer Alm (1201 m) durch den Wamberger Wald, 1 Std.

GRAINAU siehe Anzeigen Seite 35/36 E 2

Gemeinde, Landkreis Garmisch-Partenkirchen, Einwohner: 3750, Höhe: 750 m, Postleitzahl: D-82491. **Auskunft:** Kurverwaltung Grainau. **Bahnstation:** Garmisch-Partenkirchen (6 km). **Bergbahnen:** 1. Bayr. Zugspitzbahn: Zahnradbahn von der Station Grainau zum Gletscherbahnhof Zugspitzplatt (2600 m), 60 Min., Länge 19 km. 2. Eibsee-Seilbahn: Großkabinenbahn vom Eibsee (1000 m) zum Zugspitzgipfel (2962 m), Länge 4450 m, 10 Min. 3. Gletscherbahn: vom Gletscherbahnhof Zugspitzplatt (2600 m) zum Zugspitzgipfel.

Das „Zugspitzdorf" Ober- und Untergrainau entstand auf der „grünen Au" in den Hügeln, die nichts anderes sind als die Trümmer eines gewaltigen Bergsturzes, der in nacheiszeitlicher Zeit vom Waxensteinkamm niederging. Grainau bestand im Hochmittelalter aus drei Schwaighöfen; um 1800 zählten die beiden Ortsteile schon 36 Anwesen, um 1900 über 100, heute hat das schön gelegene Dorf, das klimatisch ähnlich begünstigt ist wie Garmisch-Partenkirchen 3750 Einwohner.

Sehenswert im Ort und in der Umgebung

Die reizend gelegene **Pfarrkirche zum hl. Johannes Baptist,** Anfang 18. Jh. als Kapelle erbaut, 1738 erweitert, 1779 abgebrannt, 1782 wiederhergestellt. Mit Bergfriedhof und Kriegerdenkmal. – **Hammersbach:** Bei der 1783 erbauten Kapelle stand einst ein Edelsitz der Herren von Hammersbach, die im 15. Jh. unter dem Kreuzeck und bei den Knappenhäusern den Blei- und Zinkbergbau betrieben und in Hammersbach einen Eisenhammer besaßen. Bei den **Knappenhäusern** ein altes, während des Ersten Weltkrieges wieder betriebenes, jetzt aufgelassenes Bergwerk. – In **Schmölz** bestand schon im 16. Jh. eine Schmelzhütte. 1824 errichtete ein Augsburger Kaufmann hier eine Zinkschmelze, die später in eine Bleischmelze umgewandelt wurde. Bis gegen 1900 gab es

Imposant erhebt sich das Zugspitzmassiv über dem Eibsee

in Schmölz noch eine Sensenschmiede. – Der **Badersee** hat seinen Namen von dem Bauern Bader aus Untergrainau, der ihn 1835 an den Besitzer des Gutes Schwaigwang verkaufte. 1871 wurde ein kleines Wirtshaus am See eröffnet, heute liegt am Badersee ein modernes 300-Betten-Hotel. Der See ist bis zu 18 m tief, von smaragdgrüner Farbe und so klar, dass man vom Kahn aus die auf den Seegrund versenkte Figur einer Nixe schimmern sieht. Da im See Quellen entspringen, friert er im Winter nicht zu. – Der wildromantische, tiefblaue **Eibsee** mit den sieben Felseninseln (bei der Ludwigsinsel schönes Echo) gehörte mit dem Werdenfelser Land dem Hochstift Freising, das ihn um 42 Gulden jährlich verlieh, meist an die Fischerfamilie Ostler. Als der See durch die Säkularisation an den Staat fiel, standen nur zwei Fischerhäuser am See. 1813 kauften ihn die beiden Fischer um hundert Gulden vom Staat. 1884 verkaufte ihn die Familie Ostler um 20 000 Mark an den Spediteur Terne in Partenkirchen. – Nachdem man seit dem Bau einer eisernen Brücke 1888 (die Brücke ist 29 m lang, 73 m hoch über der Klamm) die **Höllentalklamm** bereits auf dem Stangensteig queren konnte, wurde in den Jahren 1902 – 1905 durch die Alpenvereins-Sektion Garmisch-Partenkirchen mit einem Kostenaufwand von 60000 Mark der untere Klammweg gebaut und damit die ganze Klamm begehbar gemacht. Die schöne Klamm ist nur im Sommer zugänglich. Brücken und Geländer werden wegen der niedergehenden Lawinen im Herbst ab- und im Frühjahr wieder aufgebaut.

Spazierwege

Zum Eibsee auf mehreren bequemen Waldwegen, 1 – 1½ Std. – Eibsee-Rundweg 2 Std. – Zur Höllentalklamm. Vom Hotel Post auf direktem Weg zur Eingangshütte, 1 Std. – Zum Badersee, 20 Min. – Kramer-Plateau-Weg. Beginn bei der Loisachbrücke am Herrgottsschrofen. Von dort in 1½ – 2 Std. zum Hotel Sonnenbichl.

HALBLECH A/B 1

Gemeinde, Landkreis Ostallgäu, Einwohner: 3500, Höhe: 800 m, Postleitzahl: D-87642. **Auskunft:** Verkehrsamt/Gästeinformation Halblech in Buching und Trauchgau. **Bahnstation:** Füssen (15 km). **Busverbindungen** nach Schongau, Füssen, Weilheim, Garmisch-Partenkirchen und Oberstdorf.

Halblech, ein anerkannter Erholungsort mit den Ortsteilen Buching und Trauchgau, ist das Tor zum Naturschutzgebiet Ammergebirge, in dem es zahlreiche leichte und einige schwierige Bergtouren gibt. Ursprünglichkeit und ländlicher Flair prägen den Ort, der an der “Romantischen Straße” liegt. Der ganzjährig gern besuchte Ort hat ein Herz für Familien, für sportlich aktive Wanderer und für ruhige Genießer. Die Fernwanderstrecke “König-Ludwig-Weg” führt durch das Gemeindegebiet.
Siehe auch Anschlussblatt, KOMPASS-Karte 179 “Pfaffenwinkel – Schongau – Weilheim i. OB”.

Sehenswert im Ort und in der Umgebung

Die **Pfarrkirche St. Michael** in **Bayerniederhofen** und die **Pfarrkirche St. Andreas** in **Trauchgau**. – Weithin sichtbar ist auch die **St. Peter-**

Kapelle mit dem Pestfriedhof in **Berghof**. – In **Stockingen** der historische **Kalkofen**. – Das **Dorfmuseum** im "Hölzlerhaus" (eines der ältesten Bauernhäuser der Gemeinde) ist in den Sommermonaten zu besichtigen. – Die **Wanderfleck-Kapelle** im Naturschutzgebiet Ammergebirge liegt am Fuße des Geislsteins. – Die **Königsschlösser** im nahen **Schwangau**.

Feste und Veranstaltungen: Juli – September: Alphornblasen, Allgäuer Heimatabende mit Theateraufführungen, Konzerte, Bauernhofbesichtigungen, Museumsführungen. Juni – September: geführte Kräuter- und Bergwanderungen. Höhepunkt ist das Buchinger Herbstfest mit Viehmarkt jeweils am 3. Montag im September.

Spazierwege und Bergtouren

Siehe auch Anschlussblatt, KOMPASS-Karte 179 "Pfaffenwinkel – Schongau – Weilheim i. OB".

In dem sehr gut nummerierten Wegenetz gibt es Spazierwege für jeden Geschmack. Z. B. Nr. 118: Trauchgau – Rossweg – Peterskapelle – Berghof, 1 Std. – Zur Wieskirche (ein Kleinod aus der Rokoko-Zeit), ca. 1½ Std. entlang des Trauchberges auf wenig befahrenen Seitenwegen. – Zur Kenzenhütte (1294 m) über den Buchenberg und Leiterau, 3½ Std. – Auf den Buchenberg (1141 m) zur Buchenbergalm, 1 Std. (leicht) oder mit der Sesselbahn, sehr lohnende Aussicht! – Zum Tegelberghaus (1707 m), ab Halblech 5 Std. Talfahrt mit der Tegelbergbahn nach Hohenschwangau.

HEITERWANG A 3

Gemeinde, Bezirk Reutte, Einwohner: 675, Höhe: 992 m, Postleitzahl: A-6611. **Auskunft:** Tourismusverband Heiterwang/Tourismusregion Tiroler Zugspitz Arena. **Bahnstation:** Heiterwang. **Busverbindungen** nach Reutte und Innsbruck.

Heiterwang, urkundlich 1288 als Ayterwanch erstmals erwähnt, entwickelte sich im Laufe des Spätmittelalters zu einer wichtigen Straßensiedlung mit Ballenhaus (Warenlagerhaus) und Poststation (seit 1592). Es liegt in einer Talweitung, deren Wiesen sich gegen Nordosten bis an den Heiterwanger See hinziehen. Der Heiterwanger See, mit einer Länge von 2 km und einer Tiefe von 76 m, ist mit dem Plansee durch einen Kanal verbunden. Zwischen beiden Seen verkehren zwei Linienschiffe von Mai bis Oktober. Der Heiterwanger See ist ein herrlicher Gebirgssee und erreicht im Sommer Temperaturen bis zu 22 Grad. Außerdem ist der See fischreich (Forellen, Saiblinge, Karpfen und Barsche). Beim Tourismusverband Heiterwang und beim Hotel „Fischer am See" können Angelkarten ausgeliehen werden.

Heiterwang ist tirolweit der einzige Ort, wo noch alter Fasnachtsbrauch nur mit alten wertvollen Holzmasken stattfindet. Vom 6. Jänner (Hl. Drei König) bis zum Faschingsdienstag (Fasnachtsdienstag) ist in allen Gasthäusern oft abends buntes Treiben.

Sehenswert im Ort und in der Umgebung

Die um die Mitte des 18. Jh.s barockisierte **Pfarrkirche Mariä Himmelfahrt** zeigt noch deutlich gotische Stilmerkmale (Spitzbogenfenster,

Maßwerk im Chor); Rokokostukkaturen von Josef Fischer, Füssen, und Deckengemälde von A. J. Walch (um 1750); schöner Rokokohochaltar. – **Gasthof Post** (Zum Weißen Rössl) mit bemalter Fassade (18. Jh.) und barocker Innenausstattung (um 1710). – **Hochmoorgebiet** mit seltener Flora und interessantem **Moorlehrpfad**. – Für **Pferdefreunde** sei auf den Haflinger Reitstall hingewiesen. Hier besteht die Möglichkeit auch Reitstunden zu nehmen. Auch sind Kutschenfahrten im Sommer und Winter möglich! – In den Monaten Mai bis Oktober gibt es eine **Schifffahrt** am Heiterwanger- und Plansee.

Spazierwege und Bergtouren

Rund um den Heiterwanger See, weiß-rot und rot markiert, 2½ Std. – In das Pitzental: Das südliche Seeufer entlang und rechts ab; auf grün markiertem Pfad durch den Wald ansteigend und links über den Bach zur Pitzenhütte; 3 Std. – Zum Plansee-Ostufer: Den Heiterwanger See und den Plansee am Südufer entlang (blau markiert) bis zum Hotel Forelle, 4 Std.; Rückkehr mit dem Boot (erkundigen Sie sich bitte rechtzeitg nach dem Fahrplan!). – Über das Mäuerle in das Reuttener Becken (rot markiert), 1½ Std.; zurück mit der Bahn von der Haltestelle Kreckelmoos aus. – Auf die Heiterwanger Hochalm (1612 m): Auf dem Feldweg entlang der

Blick auf Heiterwanger See und Plansee

Bahnlinie nach Südosten bis zur Bahnüberführung; nun nach Süden, das Alptal (blau-weiß-rot markiert) hinauf und auf dem von Bichlbach einmündenden Weg (rot markiert) zur Alm, 2½ Std.; zurück nordwestlich durch den Bannwald, 2 Std.

KLAIS GH 2

Dorf der Gemeinde Krün, Landkreis Garmisch-Partenkirchen, Einwohner: 200, Höhe: 952 m, Postleitzahl: D-82493. **Auskunft:** siehe Krün. **Bahnstation:** Klais. **Busverbindung** nach Krün.

Klais liegt am Eingang des Kranzbachtales, das zwischen waldigen Hügeln nach Westen in die Elmau führt. Östlich von Klais erstrecken sich die Buckelwiesen, bekannt wegen ihres Reichtums an Enzianen, ein ideales Gelände für Spaziergänge zu jeder Jahreszeit. Im Winter bietet Klais sehr gute Möglichkeiten für Winterwanderungen und den Skilanglauf. Im Mittelalter war Klais eine Schwaige des Klosters Schäftlarn, gelegen „in der äußeren Scharnitz". Noch um 1800 bestand der Ort lediglich aus einem Bauernhof und einer Wirtschaft. Der Name Klais ist wohl römischen Ursprungs, kommt wahrscheinlich von clausa, der Straßensperre. Nach alter Überlieferung soll Klais der ursprüngliche Standort des 763 gegründeten und bald darauf nach Schlehdorf verlegten Klosters Scharnitz sein. Die Fundamente einer frühmittelalterlichen Kirche, die man auf der Flur „Kirchfeld" ausgegraben hat, scheinen das zu bestätigen.

Spazierwege

Zum Schloss Elmau durch das Kranzbachtal, 1½ Std. – Zum Barmsee über den Grubsee, 1 Std. – Zum Tonihof über den Römerweg und die Buckelwiesen, 1 Std. – Auf den Hohen Kranzberg (1391 m) durch den Roßgraben, 2 Std., Abstieg evtl. über den Lautersee nach Mittenwald, 1½ Std.; von dort zurück mit der Bahn.

KRÜN siehe Anzeigen Seite 43 H 2

Gemeinde, Landkreis Garmisch-Partenkirchen, Einwohner: 2000, Höhe: 875 m, Postleitzahl: D-82494. **Auskunft:** Verkehrsamt Krün. **Bahnstation:** Klais (4 km). **Busverbindungen** nach Klais, Kochel am See, Mittenwald und Garmisch-Partenkirchen.

Krün: Frühlingslandschaft mit dem Wettersteingebirge

Die Siedlung bestand im Mittelalter aus einigen Schwaighöfen, die 1491 an das Hochstift Freising verkauft wurden. Um 1700 waren hier nur zwölf Anwesen. Den großen Aufschwung verdankt der Ort, wie alle Orte im Werdenfelser Land, seiner schönen Lage und dem Tourismus. Krün liegt im Herzen der Alpenwelt Karwendel in einem weiten Talkessel zwischen Mittenwald und dem Walchensee. Ringsum Berge, ein herrliches Panorama: Wetterstein, Karwendel, Soierngruppe und Estergebirge. Die vielfältigen Wander- und Tourenmöglichkeiten, viele kleine Seen, die Isarauen, die Hüttlebachklamm, im Winter ein ausgedehntes Langlauf-Loipennetz, sind die Glanzpunkte dieser Gegend. Durch Eingemeindung der Ortsteile Barmsee, Klais, Schloss Kranzbach, Schloss Elmau und den Weiler Gerold wurde das Gemeindegebiet wesentlich erweitert.

Sehenswert im Ort und in der Umgebung

Die **Kirche zum hl. Sebastian**, 1760 erbaut, mehrmals restauriert, mit gutem Rokokostuck und hübscher Kanzel. – Südlich von Krün erstrecken sich die **Buckelwiesen** (herrliche Enzianwiesen!), ein ideales Gelände für Spaziergänge zu jeder Jahreszeit. – Ein Kleinod ist auch die **Kapelle Maria Rast in den Buckelwiesen**. – 1 km oberhalb von Krün der **Isarstausee** (Vogelschutzgebiet), von dem ein Kanal zum Walchensee führt.

Spazierwege und Bergtouren

Zum Barmsee, ½ Std. – Zum Grubsee, 1 Std. – Zum Schwarzkopf (1190 m), 1½ Std., von der Isarbrücke durch den Hüttlegraben. – Rundweg: Isarbrücke – Stausee – Auhütte – Hofgarten – Krün, 2½ Std. – Nach Mittenwald über die Buckelwiesen, 2 Std. – In die Finzbachklamm, 1 Std. – Auf die Schöttelkarspitze (2050 m), 5 Std. Über die Isarbrücke und dem Sträßchen folgend empor zur Fischbachalm (1402 m), 2½ Std.; von dort weiter auf dem Sträßchen im Talgrund oder auf dem Lakaiensteig zum

Bergwanderer im Soierngebiet – Ausblick auf die Soiernseen

Habt's scho' reing'schaut?

Beim **Mini** am Tennsee
Restaurant Café

Ihr Ausflugsziel und Wandertreffpunkt am Tennsee zwischen Garmisch und Krün – in unserem gemütlichen, rustikal-altbayerischen Lokal bieten wir Ihnen viele Spezialitäten, bayerische Schmankerl, deftige Brotzeiten, hausgemachte Kuchen und frischen Apfelstrudel.

Schaun's doch a mal vorbei!

- Gästeparkplatz
- 2 km zum Bahnhof Klais

Restaurant am Tennsee
Familie Zick • 82494 Krün • Telefon 0 88 25/17-0 • Fax -/17-2 36

HOTEL ALPENHOF ★★★S KRÜN

Ferienhotel mit allem Komfort!

Familie Schober
Edelweißstraße 11
82494 KRÜN
Tel. 0 88 25 / 10 14
Fax 0 88 25 / 10 16
www.alpenhof-kruen.de
hotel@alpenhof-kruen.de

Bikeguiding Zugspitzarena

Georg Mott, Untergarten 312
A-6631 LERMOOS
Telefon 00 43 (0) 56 73-41 26
Telefon 00 43 (0) 6 64-4 51 99 63
Telefon 00 43 (0) 56 74-64 11
georg.mott@bikeguiding.at
www.bikeguiding.at

Das Mountainbike-Eldorado
1.000–2.500 m

Anzeigen

Soiernhaus (1616 m), 1½ Std.; von dort auf gutem Steig empor zum Gipfel, 1 Std. – Auf den Seinskopf (1961 m), 3 Std. (leicht); durch die Hüttlebachklamm und über das Felsenköpfl. – Auf den Krottenkopf (2086 m), 5½ Std. (leicht); durch das Finzbachtal bis zur Diensthütte, wo man rechts abbiegt und dem waldigen Bergrücken folgend emporsteigt zur Krüner Alm (1621 m), 3 Std.; von dort wandert man in die Böden des Michelfeldes und erreicht in weitem Bogen die Krottenkopfhütte (1955 m), 2 Std.; von dort ersteigt man den Gipfel bequem in ½ Std.

LERMOOS siehe Anzeigen Seite 43/46 C 3

Gemeinde, Bezirk Reutte, Einwohner: 1050, Höhe: 1004 m, Postleitzahl: A-6631. **Auskunft:** Tourismusverband Lermoos/Tourismusregion Tiroler Zugspitz Arena. **Bahnstation:** Lermoos. **Busverbindungen** nach Reutte, Innsbruck und Imst, Lokalverkehr mit Biberwier, Ehrwald und Obermoos-Zugspitzbahn-Talstation.
Bergbahnen: Grubigstein-Gondelbahn, Sessel- und Schlepplifte.

Einst zogen die Römer auf der sogenannten Via Claudia Augusta auf dem Weg in den Norden durch Lermoos, das als „Larimoos" bereits 1060 urkundlich erwähnt wurde und wohl die älteste Siedlung Zwischentorens ist. Vor 1266 gehörte es noch zur Großgemeinde und -pfarrei Imst, am Ende des 13. Jh.s wurde es jedoch dem Gericht Ernberg unterstellt. In der Folgezeit ist es mehrfach als Dingstätte des Gerichtssprengels „unter der Lähn" belegt. In kirchlicher Hinsicht blieb die uralte Zugehörigkeit zu Imst bis in das 19. Jh. bestehen. Entscheidend für die Geschicke des Ortes am Westrand des Lermooser Mooses war und blieb die Entwicklung des Verkehrs über den Fernpass. Heute wird Lermoos, wie der Nachbarort Biberwier, durch die Tunnelumfahrung vom Durchgangsverkehr verschont. Besondere Bedeutung für die Lermooser besaß einst der Salztransport von Solbad Hall (seit 1967 Hall in Tirol) nach Schwaben, da sich hier seit ältester Zeit ein Salzstadel befand. Seit den letzten Jahrzehnten des 19. Jh.s brachte die Entwicklung des Fremdenverkehrs Aufschwung und Wohlstand.

Sehenswert im Ort und in der Umgebung

Pfarrkirche zur hl. Katharina aus der Mitte des 18. Jh.s mit schöner Rokokoausstattung; dazu zählen die Statuen der hll. Georg und Nepomuk (in Seitennischen) sowie die Kanzel und die Chor- und Beichtstühle. Unter dem Chor dreischiffige, kreuzgewölbte Grabkapelle. – Im **Friedhof** schmiedeeiserne **Rokoko-Grabkreuze** (Familie Sterzinger) von Franz Guem aus Ehrwald. – In **Garten** in malerischer Lage die **Kapelle** aus dem 17. Jh. mit einer flachen Holzdecke. – In **Untergarten** wurde die **Kapelle** 1666 erbaut. – Ehemaliger **Ansitz „Felsenheim"** mit barockem Portal, Korbgitterbalkon und Stukkaturen vom Anfang des 18. Jh.s, einst als Brauerei errichtet.

Spazierwege und Bergtouren

Nach Biberwier auf dem Wachtersteig, Römerweg oder Moosweg, 45 Min. – Durch das Moos nach Ehrwald, 40 Min. – Auf die Wolfratshauser Hütte (1751 m): Über die Brettlalm (1350 m) zur Hütte (rot markiert), 2½ Std.; zurück durch das Gartner Tal und über Untergarten nach Gries (Bushaltestelle), insgesamt 4½ Std. – Von der Wolfratshauser Hütte auf den Grubigstein (2233 m, rot markiert), 1 Std. (mittel). – Auf die Tuftalm (1496 m): Von der Hauptstraße nach Reutte kurz nach dem Ortsende rechts abbiegen und über die Bahnlinie hinweg hinauf zum Kohlberg (1419 m) und weiter zur Alm (rot markiert), 1½ Std.; zurück nach Südosten durch den Schrofenwald auf die Hauptstraße und durch das Moos in den Ort zurück, 2 Std. – Auf den Daniel (2340 m): Von der Tuftalm bis zum Grat der Upsspitze, diese jedoch links liegen lassend etwas unterhalb des Grates zum Gipfel (rote Markierung), 2 Std. (mittel). – Zum Fernpass (1216 m): Mit der Gondelbahn und dem Sessellift zur Grubigstein-

M[ILIA] P[ASSVVM] CCCL

TI[BERIVS] CLAVDIVS DRVSI F[ILIVS] CAESAR AVG[VSTVS] GERMANICVS

PONTIFEX MAXVMVS [...] VIAM CLAVDIAM

AVGVSTAM [...] MVNIT AB ALTINO VSQVE AD FLVMEN DANVVIVM

Via Claudia Augusta

Tirol

hütte, von dort am Weg 15 bzw. am E4 zum Ziel, 1½ Std. – Von der Grubigsteinhütte (mit der Gondelbahn und dem Sessellift erreichbar) am Grat (der Steig ist versichert) über den Grubigstein (2233 m) zur Gartner Wand (Gipfelkreuz, 2376 m) und weiter über das Bichlbächler Jöchle (1942 m) nach Bichlbächle oder zum Fernpass, 4 – 5 Std. oder von der Gartner Wand über das Sommerbergjöchle (2001 m) und die Wolfratshauser Hütte (1751 m) zurück nach Lermoos, insgesamt 4 – 5 Std.

LEUTASCH siehe Anzeigen Seite 46/47 FG 3

Gemeinde, Bezirk Innsbruck-Land, Einwohner: 1950, Höhe: 1136 m, Postleitzahl: A-6105. **Auskunft:** Tourismusverband Leutasch. **Bahnstationen:** Seefeld (8 km) und Mittenwald (8 km). **Busverbindungen** nach Seefeld in Tirol und Mittenwald.
Bergbahnen: Sessel- und Schlepplifte.

Die Sohle des 16 km langen Tals liegt ca. 100 m höher als das Isartal. An der Stufe, mit der das Seitental ins Haupttal abbricht, entstand die Leutaschklamm. Das Tal war mittelalterliches Rodungsgebiet der Klöster Polling, Schlehdorf, Wilten und Stams. Bis ins 13. Jh. gehörte das ganze Leutaschtal noch zum Werdenfelser Land, dann konnten sich die Tiroler Landesfürsten in langer Auseinandersetzung behaupten und die Grenze bis an die Leutaschklamm hinaufrücken. Die Leutasch blieb lange Zeit ein stilles Tal, das allerdings in Kriegszeiten nicht verschont wurde. Schon im 13. Jh. stand auf dem „Halsl", dem Übergang von der Unterleutasch nach Mittenwald, eine Befestigung. Als während des Dreißigjährigen Kriegs die Porta Claudia bei Scharnitz erbaut wurde, erhielt auch das Leutaschtal eine Schanze als Vorwerk, die jedoch 1805 von den Franzosen auf dem „Franzosensteig" umgangen wurde. Erst 1913 wurde die Fahrstraße durch das Leutaschtal gebaut.

Sehenswert im Ort und in der Umgebung

Die **Johannikirche** im Ortsteil **Unterkirchen**. – In **Oberleutasch** stammt der barocke Hochaltar der **Pfarrkirche zur hl. Maria Magdalena** aus der Klosterkirche Benediktbeuern. Die Kirche wurde 1820 erbaut. – Zahlreiche **Kapellen** im Gemeindegebiet. – In **Kirchplatzl** das **Ganghofer-Museum**. – Ab Mai 2005 führt ein 1,4 km langer **Naturerlebnispfad** durch die **Leutasch-Klamm**.

Spazierwege und Bergtouren

Von Oberleutasch nach Seefeld, 1¾ Std. – Durch das Gaistal zur Ehrwalder Alm (1493 m), 4½ Std. – Auf die Gehrenspitze (2367 m): Vom Weiler Klamm über die Wangalm (1753 m) und Erinnerungshütte zum Gipfel, 4 Std. (leicht, Gipfelgrat erfordert jedoch Schwindelfreiheit). – Auf die Große Arnspitze (2196 m): Von Unterleutasch über den Hohen Sattel (1495 m) zum Gipfel, 4 Std. (leicht, Gipfelfelsen erfordert Schwindelfreiheit).

MIEMING D 4

Gemeinde, Bezirk Imst, Einwohner: 2900, Höhe: 875 m, Postleitzahl: A-6414. **Auskunft:** Tourismusverband Mieming-Wildermieming. **Bahnstationen:** Mötz (4 km), Stams (2,5 km) und Telfs-Pfaffenhofen (8 km). **Busverbindungen** nach Telfs – Innsbruck, Nassereith – Imst – Reutte.

Die Gemeinde Mieming mit ihren zahlreichen Ortschaften und Weilern bildet den Mittelpunkt des „Oberinntaler Sonnenplateaus“ und entwickelte sich zu einem bekannten Tourismusort.

Sehenswert im Ort und in der Umgebung

In **Barwies** die **Pfarrkirche zur Hl. Dreifaltigkeit** aus dem 17. Jh., der Hochaltar stammt aus dem Jahr 1700, Statuen der hll. Judas Thaddäus und Jakob dem Jüngeren. Am linken Seitenaltar das Bild Kreuzauffindung der hl. Helena von Egyd Schor. – In **Untermieming** die **Pfarrkirche Mariae Himmelfahrt**, ein neugotischer Bau mit einem spätgotischen Nordturm. Aus dem 18. Jh. blieben Altarbilder von M. Knoller (Hl. Drei Könige), Josef Schöpf (Maria mit Kind) und Anton Zoller (hl. Isidor). – In **Obermieming** die **Filialkirche zum hl. Georg** aus dem 17. Jh. Im Inneren Stukkaturen aus der Bauzeit, Hochaltarbild von Josef Schöpf, gute barocke Schnitzstatuen. – Barocke **Kapelle** im **Weiler See** mit reizvollem Altärchen, um 1700. – **Badesee Mieming.**

Spazierwege

Siehe auch Anschlussblatt, KOMPASS-Wanderkarte 35 „Imst – Telfs – Kühtai“.

Von Obermieming oder Barwies zur Boasligbrücke, 1 Std.; ca. 5 Min. südöstlich der Brücke zweigt der Pfarrer-Alois-Kathrein-Steig über die Jagdhütten des Henneberges zum „Gachen Blick“ ab, insgesamt 3 Std. – Von der Boasligbrücke nordwestlich weiter zum Stöttltörl (2036 m, mühsam), ab Barwies 3½–4 Std.; jenseits in 15 Min. in die Hölle und zurück über das Lehnberghaus, siehe dort. – Von Barwies nach Norden zu den Mooswiesen, diese und den Weiler Gschwent nördlich über „Koppenpriel“ umgehend nach Obsteig, 1½ Std.

MITTENWALD siehe Anzeigen Seite 50/53 H 3

Marktgemeinde, Landkreis Garmisch-Partenkirchen, Einwohner: 8100, Höhe: 913 m, Postleitzahl: D-82481. **Auskunft:** Kurverwaltung Mittenwald, Dammkarstraße 3. **Bahnstation:** Mittenwald. **Busverbindungen** nach Kochel, Garmisch-Partenkirchen und Eng.
Bergbahnen: 1. Karwendelbahn, Großkabinenseilbahn, Tal 933 m, Berg 2244 m, Länge 2486 m, 10 Min. 2. Kranzberg-Sessellift (St. Anton), Tal 980 m, Berg 1220 m, Länge 1450 m, 16 Min.

Mittenwald ist nach Garmisch-Partenkirchen der zweite alte Hauptort des Werdenfelser Landes, ausgezeichnet durch seine Lage an einer uralten Nord-Süd-Straße, durch sein fast nebelfreies Klima mit vielen klaren milden Föhntagen und durch sein typisches malerisches Ortsbild. Mittenwald hat seinen Namen von dem großen Waldgebiet, das sich im Mittelalter von Seefeld bis Wallgau erstreckte und „die Scharnitz“ hieß. Der Wald bedeckte die Hänge und die Aufschüttungen der Isar in der Talfurche zwischen Wetterstein und Karwendel, durch die einst ein Seitenstrom des Inntalgletschers geflossen war. Seit dem zweiten Jahrhundert gewann die über den Brenner und den Zirler Berg in das obere Isartal führende Straße an Bedeutung. Auf dem Mittenwalder Burgberg wird eine römische Wachstation vermutet. Im heutigen Ortsbereich verlief die Römerstraße im Zuge der Innsbrucker Straße – Karwendelstraße nach Norden und bog dann über Klais nach Partenkirchen ab. Die Siedlung Mittenwald wurde im Hochmittelalter wohl vom Kloster Scharnitz –

APPARTEMENTANLAGE

Gästehaus Lärchenhang

Lauterseeweg 9 · 82481 Mittenwald
Tel. 0 88 23/25 00 30 · Fax 0 88 23/25 00 31
E-Mail: DPuzicha@t-online.de
Homepage: www.laerchenhang.de

Sehr schöne Appartements, mit allem Komfort einer modernen Wohnung ausgestattet. Traumhafte Südhanglage am Waldrand, mit Blick auf den Karwendel. Parkplatz vorm Haus. Im Haus bieten wir: Wellnessbereich mit Schwimmbad und Sauna mit Licht- und Aromatherapie, Tagesraum mit Kaminecke, Tischtennisraum und Frühstück auf Wunsch. Kurzzeitübernachtungen auf Anfrage.

Auf Ihren Anruf freut sich Uschi und Dieter Puzicha.

Zum Bergbauern

Familie Sailer
Buckelwiesen 5 · 82481 MITTENWALD
Telefon 0 88 23/25 73 · Fax 0 88 23/92 61 93
info@zum-bergbauer.de
www.zum-bergbauer.de

4 Ferienwohnungen für 2-5 Personen, 3-4 Zimmer. Urlaub auf dem Bauernhof, inmitten der Buckelwiesen, mit einmaligem Rundblick auf die herrliche Bergwelt von Karwendel, Wetterstein und Zugspitze. Idealer Ausgangspunkt für große und kleine Wanderungen und Radtouren. Einen erholsamen Urlaub bieten unsere gemütlichen Ferienwohnungen. Angelmöglichkeiten im hauseigenen Fischweiher. 4 km außerhalb von Mittenwald in ruhiger und sonniger Höhenlage.

Pension Schwalbennestl

Gröblweg 34 · 82481 Mittenwald
Telefon 0 88 23/80 23 · Fax 0 88 23/50 85
E-Mail: schwalbennestl@aol.com
Homepage: www.schwalbennestl.de

Familiär geführtes Haus in ruhiger, sonniger Hanglage. Blick Mittenwald und den Karwendel. Zimmer mit Dusche/WC, Balkon und Frühstück. Abendessen nach kleiner Karte möglich. Ausgangspunkt für schöne Wanderungen, nähe Kranzbergsessellift. Pauschalangebote Vor- und Nachsaison.

Schlehdorf aus auf der Sonnenseite des Tals gegründet. Wie das ganze Werdenfelser Land gehörte sie dann bis 1803 zum Hochstift Freising. Der dörfliche Ortsteil „im Gries“ und der Siedlungskern um die Pfarrkirche mit der ehemaligen Judengasse (heute Ballenhausgasse) sind älter als die Straßenzeilen des Ober- und Untermarkts, deren malerische Staffelung dadurch entstand, dass hier eine alte Flureinteilung von den Straßen nicht senkrecht, sondern schräg geschnitten wurde. Die geschlossene Bauweise an den Hauptstraßen zeugt für den alten Marktcharakter des Orts (schon 1305 als Markt bezeichnet), für dessen Entwicklung die mittelalterliche Verkehrslage ausschlaggebend war. Spätestens im 14. Jh. bildete sich in Mittenwald die „Rott“, eine Art Speditionsgesellschaft, die nach einem festen Turnus die Beförderung der Kaufmannswaren bis zur nächsten Niederlage (siehe Garmisch-Partenkirchen) übernahm, zunächst auf der Straße, seit 1407 auch zu Floß auf der Isar. Dabei kam Mittenwald ein weltpolitisches Ereignis zugute: Die Eroberung Konstantinopels durch die Türken 1453, die unter anderem zur Folge hatte, dass der europäische Import von Orientwaren mehr und mehr über Venedig und die Tiroler Pässe ging. Die Venezianer hielten in Bozen Markt, hatten dort ihre Warenniederlage und rechneten mit ihren deutschen Geschäftsfreunden ab, bis Erzherzog Sigmund von Tirol während eines Krieges mit Venedig im Jahr 1487 130 Venezianer Kaufleute auf dem Bozner Markt gefangennehmen ließ. Daraufhin verlegte der Rat von Venedig den Markt, die Warenniederlage und das Kontor

Das Wahrzeichen Mittenwalds: Pfarrkirche St. Peter und Paul

nach Mittenwald. Der Ort nahm einen starken Aufschwung, hatte um 1600 schon 1300 Einwohner. Doch der Dreißigjährige Krieg (1618 – 1648) lähmte den Handelsverkehr und 1679 verlegte Venedig den Markt zurück nach Bozen. Was Mittenwald um diese Zeit vor dem Ruin bewahrte, war der Einfall des Mittenwalders Urban Klotz, seinen Sohn Matthias (geboren 1653) als Zehnjährigen mit einem Rottfuhrmann nach Italien zu schicken, damit er das Geigenmachen lerne. Matthias Klotz wurde der Meisterschüler des Nicola Amati in Cremona und brachte die Kunst des Geigenbauens in die Heimat, wo sie noch heute blüht. Im 19. Jh. zog die Eisenbahnstrecke durch das Inntal und über den Brenner (eröffnet 1858/67) den Frachtverkehr von Mittenwald völlig ab, doch brachte der Fremdenverkehr allmählich einen neuen Aufschwung, vor allem seit 1912, als die Bahn auch nach Mittenwald kam.

Sehenswert im Ort und in der Umgebung

Trotz vieler Brandkatastrophen (zuletzt Brand des Untermarkts 1948) hat Mittenwald, beraten vom Landesverein für Heimatpflege, sein charakteristisches Ortsbild besonders gut bewahrt. An die Blütezeit des Rottwesens erinnern die großen Toreinfahrten und Gewölbe vieler alter Häuser. Hervorragend die seit dem 18. Jh. erhaltenen **Freskomalereien.** – Die **Pfarrkirche zu den hll. Peter und Paul,** um 1740 vom Wessobrunner Baumeister Josef Schmuzer erbaut, mit reicher, fast einheitlicher, farblich ausgezeichneter Ausstattung: Spätbarocke Kanzel, sehr gute Altäre des frühen Rokoko, Stukkaturen von Schmuzer, Decken- und Altargemälde von Matthäus Günther. Im Ortsbild hervorragend der Turm mit reicher Architekturmalerei (Günther). – **Pilgerhaus,** 1485 von einem Passauer Domherrn (gebürtigem Mittenwalder) als „Hospiz für Pilger und andere ehrbar wandernde Leut" gestiftet, mit hübscher, barock ausgestatteter Kapelle. – Spätgotische **Friedhofskirche zum hl. Nikolaus** (Patron der Flößer) mit schönem Turm (18. Jh.) und frühbarockem Hochaltar, auf dessen Rückseite eingeritzt: „M. K. (Matthias Klotz) 1684 Geigenmacher im 20. Jahr." – **Klotz-Denkmal,** ein Werk des Münchner Erzgießers Ferdinand von Miller, 1890. – **Altes Rathaus** (Ecke Obermarkt/ Hochstraße), früher Ballenhaus (Niederlage der in Ballen gepackten Waren), dann bayerisches Zollhaus. – **Leutasch-Klamm,** entstanden durch die Erosion der Leutasch an der Stufenmündung des höher gelegenen (weil von einem schwachen Seitengletscher nur wenig ausgeschliffenen) Leutaschtals in das tiefere Isartal. 1880 als erste Klamm in den deutschen Alpen zugänglich gemacht. Gletscherschliff bei der Leutasch-Klamm, sehr gut erhalten, 1930 vom Geographen Alfred Penck entdeckt.

Spazierwege und Bergtouren

A1 Isartaler Rundwanderweg, ca. 30 km: Mittenwald – Aschau Kapelle – Krün – Wallgau – Panoramaweg – Barmseerundweg – Klais – Schloss Kranzbach – Elmau – Ferchensee – Lautersee – Mittenwald, 8 Std. – A2 Isartaler Wanderweg, ca. 12 km: Wallgau – Krün – Hochstraße – Tonihof – Gröblalm – Mittenwald, 3 Std. – Aschau Kapelle – Krün – Tonihof (1000 m). Der Rundweg führt jenseits der Isar nach Krün. Rückweg über die Hoch-

Anzeigen

straße (Hotel Tonihof) nach Mittenwald, 5 Std. – Zum Berggasthof Ederkanzel (1181 m). Schattiger Anstieg über die Leutascher Straße und Schießstätte oder über die Lauterseestraße (Sicht auf vier Täler), 1 Std. – Zum Alpengasthof Elmau (1003 m), lohnende Tageswanderung über den Lauter- und Ferchensee, 2½ Std. Rückweg über Schloss Kranzbach – Klais, 1½ Std. Rückfahrt von Klais mit der Bahn. – Zum Gasthof Ferchensee (1066 m). Über Lautersee (Schwimmen und Rudern) zu erreichen, 1¼ Std. – Zum Gebirgsjäger-Ehrenmal (1138 m). Über die Gröblalm (Hotel/Gasthof) vorbei am Luttensee, 1½ Std. Anschluss zum Wildensee möglich, 35 Min. – Zum Gasthof Gletscherschliff (1000 m). Eiszeitlicher Gletscherschliff, Anstieg über die Leutaschklamm, 40 Min. – Gröblalm – Kalvarienberg – Laintal (1000 m), Höhenrundweg mit schönem Blick auf Mittenwald und das Karwendel, 1¼ Std. – Auf den Hohen Kranzberg (1391 m), herrlicher Aussichtsberg, über St. Anton, 1¾ Std. (bis hierher auch mit Sessellift). Bequemer, schattiger Abstieg über St. Anton – Lautersee, 1 Std. oder Ferchensee, 2 Std. Weiterer Abstieg über Wildensee in nördlicher Richtung, 1½ Std. Schwieriger, steiler Übergang über den Kleinen Kranzberg nach Elmau, 1½ Std., möglich. – Zum Gasthaus Korbinianhütte (1150 m). Über Kalvarienberg – Gertraudtafel oder Gröblalm, 1 Std. – In die Laintalschlucht (980 m), kleiner Wasserfall, 25 Min. – Zum Lautersee (1010 m), durch das Laintal oder über Kalvarienberg oder über die Fahrstraße, 30 – 40 Min. Strandbad und Bootsverleih. – In die Leutaschklamm, 28 m hoher Wasserfall, eben zu erreichen. Nur im Sommer begehbar! 25 Min. – In das Leutaschtal (1024 m), Gasthof zur Mühle. Über den Gletscherschliff oder über die Straße nach Tirol zu erreichen. Personalausweis mitnehmen! 1 Std. – In die Partnachklamm, herrlicher Fußweg über Lautersee, Elmau (1003 m) nach Garmisch-Partenkirchen, 5 Std. Zurück mit der Bahn. – Riedboden, Sportanlagen. Ebener

Wettersteingebirge mit Lauter- und Ferchensee

Weg nach Scharnitz (Gasthaus an der Grenze), 1¼ Std. Rückweg über den „Hof“ auf Feldwegen möglich. – Zum Gasthof St. Anton (1250 m). Über Kalvarienberg 1 Std. oder mit dem Sessellift erreichbar. Schöner Abstieg über den Lautersee, 50 Min., möglich. – Zum Hotel/Gasthof Tonihof-Buckelwiesen (1000 m). Über die Partenkirchner Straße nach Norden. Umfassende Aussicht auf das Karwendel- und Wettersteingebirge, 1 Std. – Wanderung am Waldlehrpfad (1080 m), erlebnis- und lehrreicher Rundweg (60 Lehrtafeln), 2 Std. – Zum Gasthaus Wildensee (1137 m). Über den Gröblweg und Buchenwald zu erreichen. Bademöglichkeit, 1½ Std. – Auf den Grünkopf (1587 m), über Lautersee – Ferchenseehöhe – Franzosensteig, 2½ Std. Abstieg über die Ederkanzel möglich. – Auf den Schachen (1866 m), über Lautersee – Ferchensee – Bannholzerweg. Gepflegter alpiner, botanischer Garten, Königshaus mit maurischem Saal, 5 Std. – Zur Hochlandhütte (1630 m), einfachster Anstieg entlang dem Gassellahnbach, 2½ Std. – Karwendelbahn (933 – 2244 m), Gondelbahn zur Westlichen Karwendelspitze (2385 m). – Zur Brunnensteinhütte (1560 m), über das Hoffeld am Steig zur Brunnensteinspitze, 2½ Std. – Zur Dammkarhütte (1650 m), Start nördlich der Karwendelbahn-Talstation. Auf dem Dammbödele inmitten einer gigantischen Felsenszenerie gelegen, 2 Std. Über den Ochsenboden, 2½ Std. – Zur Mittenwalder Hütte (1518 m), Start in Nähe Karwendelbahn-Talstation, 1¾ Std. – Zur Fereinalm (1410 m), schattiger Anstieg über die Rehbergalm. Abstieg über das Fereiner Sträßchen, 2¾ Std.

NASSEREITH B 4

Gemeinde, Bezirk Imst, Einwohner: 2175, Höhe: 838 m, Postleitzahl: A-6465. **Auskunft:** Tourismusverband Nassereith/Ferienregion Mieminger Plateau & Fernpass-Seen. **Bahnstation:** Imst (12 km). **Busverbindungen** nach Innsbruck, Imst – Landeck und Reutte.

Der alte Bergwerksort liegt im Gurgltal in einem Becken, das von steil aufsteigenden Bergen umschlossen wird. Nassereith ist ein wichtiger Verkehrsknotenpunkt: Nach Norden über den Fernpass in das Außerfern, nach Osten über den Holzleithensattel auf das Mieminger Plateau und weiter in das Inntal oder nach Südwesten durch das Gurgltal nach Imst.

Sehenswert im Ort und in der Umgebung

Die **Pfarrkirche zu den hll. Drei Königen** aus dem 19. Jh. mit barockem Turm und spätgotischem Taufstein. – In **Dormitz** wurde die spätgotische **St.-Nikolaus-Kirche** 1746 zum Teil umgestaltet. Aus dieser Zeit stammen die Rokokostukkaturen, die schöne Kanzel sowie die Deckengemälde und die stark verwitterten Stationsbilder an der Außenseite von Josef Jais aus Imst. – Im **Heimatmuseum** interessante Masken des Schellerlaufens. Das bekannte **„Schellerlaufen“** findet alle 3 Jahre zur Faschingszeit statt. – **Ruine** des Jagdschlosses **Sigmundsburg** im Fernsteinsee, 1460 von Erzherzog Sigmund erbaut. – **Schloss Fernstein** mit gotisch gewölbten Räumen und einem Saal mit Stukkaturen und Freskenmedaillons, 1720. – Am Fernpass die **Kapelle** der **14 Nothelfer,** 18. Jh., mit interessantem Altar aus der 2. Hälfte des 17. Jh.s.

Spazierwege und Bergtouren

Siehe auch Anschlussblatt, KOMPASS-Karte 35 "Imst – Telfs – Kühtai". Nach Fernstein auf dem Fußweg (blaue Markierung) durch die reizvolle Bergsturzlandschaft zuerst östlich, ab der Gipsmühle westlich der Straße, 1 Std.; von hier weiter auf der alten Straße am Schanzelsee vorbei zum Fernpass, 1 Std. – Von Fernstein oder vom Fernpass zur (unbewirtschafteten) Loreahütte (2018 m), 3 Std. – Nach Strad und zum Strader See immer am Fuß des Tschirgant entlang, 2 Std.; vom See in ¼ Std. zum Wei-

Farbenprächtige Masken nehmen am Schellerlaufen teil

ler Dollinger. – Nach Aschland über Roßbach auf der Forststraße durch Wald, zuletzt auf Fußweg, 1¼ Std.; von dort nach Holzleithen (Autobushaltestelle), 20 Min., auf einem Waldweg über die Burkleite und Dormitz zurück, 1 Std. – Auf die Muthenaualm (1739 m), vom Ort östlich auf markiertem Weg nahe der Skiliftstraße bis zur den Hang querenden Forststraße. Von dort nordwestlich auf einem Steig um den Wannig (2493 m) herum, 3 Std. – Von der Muthenaualm entweder zum Marienbergjoch (1789 m), 1½ Std. oder zum Fernpass, 1 Std. – Zur Heiterwandhütte (2010 m, unbewirtschaftet) durch das Gafleintal und über das Reißenschuhjoch (2054 m), ca. 4½ Std.; zurück durch das Reißenschuhtal und das Tegestal (leicht). – Aufstieg zum Wannig (2493 m), erst auf dem Weg zur Muthenaualm, dann über Serpentinen auf dem Nordwesthang steil hinauf, 4½ Std. (mittel). – Auf den Alpleskopf (2259 m), ¾ Std. vom Reißenschuhjoch (leicht). – Auf den Simmering (2096 m) über Dormitz von Nordwesten, ca. 4 Std. (leicht); Abstieg eventuell nach Obsteig.

OBERAMMERGAU siehe Anzeigen Seite 53/58 E 1

Gemeinde, Landkreis Garmisch-Partenkirchen, Einwohner: 5100, Höhe: 837 m, Postleitzahl: D-82487. **Auskunft:** Oberammergau Tourismus, Eugen-Papst-Straße 9a. **Bahnstation:** Oberammergau. **Busverbindungen** nach Füssen, Garmisch-Partenkirchen, Linderhof, Murnau und Schongau.
Bergbahnen: Laberbahn (Kabinenseilbahn), Tal 950 m, Berg 1684 m, Länge 2200 m, 10 Min.; Sesselbahn zum Kolbensattel, Tal 850 m, Berg 1250 m, Länge 1700 m, 14 Min.

Der Höhenluftkurort Oberammergau hat seinen Namen von dem Fluss, der durch den Ort zieht, der Ammer. Das Wort „Ambra“ heißt übersetzt: die „ruhig Dahinfließende“, stammt von den Kelten, die von etwa 500 v. Chr. bis zur Römerzeit hier seßhaft waren. Der Ort liegt in fast nebelfreier Höhenlage ohne luftverschmutzende Industrie in reizvoller Landschaft, umrahmt von 1350 – 1700 m hohen Bergen. So kommen Bergsteiger und Wanderer in den Ammergauer Alpen voll auf ihre Kosten, gehört es doch zu Bayerns zweitgrößtem Naturschutzgebiet.
Der Ammergau gehört zu den kleinen Tallandschaften am bayerischen Alpenrand, die seit frühester Zeit den Gaunamen tragen, vergl. Wallgau, Garmisch = Germarsgau, Schwangau usw. Der Ammergau wurde in karolingischer Zeit Reichslehen der Welfen, die einige Höfe und die Pfarrkirche in Oberammergau an ihr Hauskloster Rottenbuch schenkten. Der restliche Welfenbesitz in Oberammergau kam über die Staufer und Wittelsbacher an das Kloster Ettal. Oberammergau lag an dem Zweig der alten Römerstraße und der mittelalterlichen Rottstraße, der vom Loisachtal über den Ettaler Berg ins Ammertal führte. So blühte Oberammergau mit dem Rottwesen auf und geriet ebenso in Schwierigkeiten, als der Handelsverkehr auf der Straße abnahm. So war es in Oberammergau die schon seit dem Hochmittelalter blühende Schnitzkunst (vielleicht vom Kloster Rottenbuch hier wie in Berchtesgaden schon im 12. Jh. eingeführt), die vielen Familien die Existenz sicherte. Bereits im 16. Jh. hatten die Oberammergauer Bildschnitzer ihre besondere Handwerksordnung. Als „Kraxentrager“ hausierten sie ihre Schnitzwaren im ganzen Reich. Zur Schnitzerei von Heiligenfiguren („Herrgottschnitzer“), aber auch Spiel- und Haushaltswaren kam im 18. Jh. noch die Fassmalerei,

das farbige Fassen der Schnitzwaren. Einigen Oberammergauern gelang es, im Ausland eigene Handelshäuser zu gründen, dann übernahmen mehr und mehr die Verleger in der Heimat den Vertrieb. Als die Schnitzkunst im 19. Jh. zu verflachen drohte, wurde 1878 die schon bestehende Zeichen- und Modellierschule zur Schnitzschule umgestaltet, aus der die heutige Staatliche Fachschule für Holzschnitzerei hervorging. Oberammergau war schon im 17. Jh. ein volkreiches Dorf mit vielen meist kleinen Anwesen. Als während des Dreißigjährigen Krieges die Pest schon 84 Todesopfer gefordert hatte, gelobte die Gemeinde, „in jedem 10. Jahr ein Spiel vom bitteren Leiden und Sterben des Heilandes aufzuführen, wenn Gott die Gemeinde aus ihrer Not erlöst". So fand 1634 das erste Passionsspiel in Oberammergau statt, das uns überliefert ist. Das Textbuch des Spiels wurde bis heute mehrmals umgeschrieben. Die heute noch gespielte Musik schuf 1815 der Oberammergauer Rochus Dedler. Seit 1680 findet das Spiel in jedem „runden Jahr" statt und begeistert jedesmal ca. 500 000 Zuschauer aus der ganzen Welt.

Sehenswert im Ort

Welche Kunstfertigkeit die damaligen Schnitzer besaßen, zeigt sich an so manchen Plastiken, die im **Heimatmuseum,** Dorfstraße 8 (1906 vom Verleger Guido Lang errichtet), ausgestellt sind. Dort wird auch die große historische Weihnachtskrippe mit über 120 holzgeschnitzten, kostbar bekleideten Figuren, nach umfangreicher Restaurierung, aufgebaut, an der drei Generationen von 1780 bis 1860 gearbeitet haben und die für die Pfarrkirche geschaffen wurde. Im Heimatmuseum befindet sich zudem die wohl umfangreichste Sammlung von Hinterglasbildern Deutschlands. – Geschichte und Gegenwart des Passionsspiels lässt sich im **Passionstheater** mit seinen 4800 Plätzen erleben, wo im Rahmen einer Führung nicht nur Bühne und Bühnenbild, sondern auch

Das Meisterstück der Lüftlmalerei: das Pilatushaus

Originalgarderoben und -kostüme zu sehen sind. (Im Kostümfundus werden an die 2000 Gewänder aufbewahrt.) Besonders beeindruckend sind die Originalrequisiten wie Kreuze, römische Rüstungen oder Dornenkrone sowie ein über 200 Jahre alter Abendmahltisch. Darüberhinaus vervollständigen zahlreiche Abbildungen von Proben- und Spielbetrieb die lebendige Ausstellung. Ganzjährig geöffnet. Die Halle des Passionsspielhauses wurde 1900 erbaut, die Bühne 1930 neu gestaltet. Für die Spiele 2000 fand eine grundlegende Renovierung statt. Das Bühnenbild wird im Lauf eines Spieltages 43 Mal gewechselt. – Es ist auffällig, dass an vielen Häusern des Ortes **Fassadenmalereien** zu finden sind. Es handelt sich meist um Fresken, also um Malereien in den noch feuchten Kalkputz, bei denen die Farben in den Mörtel eindringen und große Dauerhaftigkeit erlangen. Der bedeutendste Freiluft-Freskant Oberammergaus war sicher Franz Seraph Zwinck (1748 – 1792) mit dem Hausnamen „Zum Lüftl". Nach ihm wurden vermutlich alle Fassadenmaler „Lüftlmaler" genannt. Das Meisterwerk des „echten" Lüftlmalers in Oberammergau sind die Fresken des 1986 restaurierten **Pilatushauses**, in dessen Räumen man übrigens Schnitzern und anderen Kunsthandwerkern bei der Arbeit zusehen kann (in der Regel von Mitte Mai bis Mitte Oktober und zu Weihnachten). Die Straße, an der dieses Haus steht, ist nach dem bedeutendsten Dichter Bayerns benannt, der im Januar 1867 in Oberammergau geboren wurde: Ludwig Thoma. – Ein besonderes Schmuckstück des Ortes ist die im 18. Jh. entstandene barocke **Pfarrkirche zu den hll. Peter und Paul,** ein Werk des berühmten Wessobrunner Baumeisters Joseph Schmuzer. Die großartigen Fresken im Innenraum und das Hochaltarblatt stammen von Matthias Günther, der Hochaltar mit dem reichen Figurenschmuck von Franz Xaver Schmädl. – Die **Fachschule für Holzschnitzerei** (Ludwig-Lang-Straße) mit einer ständigen Ausstellung von Schnitzarbeiten kann besichtigt werden. – Nach dem Passionsspiel von 1871 stiftete König Ludwig II. die **Kreuzesgruppe** auf dem Osterbichl. – **Schloss Linderhof: siehe Ettal.**
Neben all diesen kulturellen Sehenswürdigkeiten ist Oberammergau ein Ferienort, der hinsichtlich seines Erholungs- und Freizeitangebots und seiner Sportmöglichkeiten vieles zu bieten hat: u. a. die **Freizeitanlage Wellen Berg**, wohl die schönste im bayerischen Alpenraum, mit seinem runden Wellenbad, einem großen Rutschenhaus und vier beheizten Innen- und Außenbecken sowie zwei Riesenwasserrutschen.

Spazierwege und Bergtouren
Zur Kolbenalm (1000) über die Kreuzesgruppe, ¾ Std. – Rundweg über Ettal, 2½ Std. Hinweg entlang der Ammer und über die Ettaler Mühle, Rückweg über den Vogelherd, die Kapellenwand und die Bärenhöhle. – Zum Schloss Linderhof über Graswang und am Kohlbachweg, 2¼ Std. – Auf das Laberjoch (1685 m) mit der Seilbahn oder zu Fuß in 2½ Std. (leicht). – Auf das Ettaler Manndl (1633 m), vom Laberjoch, ½ Std. (der drahtseilgesicherte Gipfelaufbau erfordert Schwindelfreiheit und Gewandtheit, nur für Geübte. – Auf den Großen Aufacker (1542 m), 2 Std. (leicht), über den Gschwandkopf. – Auf den Kofel (1342 m), 1½ Std. (nur für Geübte).

OBERAU F 1

Gemeinde, Landkreis Garmisch-Partenkirchen, Einwohner: 2800, Höhe: 659 m, Postleitzahl: D-82496. **Auskunft:** Verkehrsamt Oberau. **Bahnstation:** Oberau. **Busverbindungen** nach Garmisch-Partenkirchen und Oberammergau.

Das über der Mündung des Gießenbachtals in das Loisachtal schön gelegenen Dorf gehörte nicht zum Werdenfelser Land, sondern zum Klostergericht Ettal. Die Gipsbrüche nördlich von Oberau am Mühlberg (beim Schwimmbad) und der Wasserreichtum des Orts haben eine besonders im 18. und 19. Jh. blühende Hausindustrie hervorgebracht: In Oberau wurde Gips gebrannt und gemahlen, den man besonders für Stuckarbeiten brauchte. Zu Anfang des 19. Jh.s betrieb jeder der 14 Bauern noch seine eigene Gipsmühle, erst vor dem Ersten Weltkrieg hörte der letzte Bauer zu brennen auf. – Bei Oberau tritt ein Teil des Wassers der Ammer, das noch den alten Lauf zur Loisach nimmt, am Fuß des Ettaler Bergs als Quell- und Grundwasser auf. Preiswert wohnen in der Nähe von Garmisch-Partenkirchen und inmitten weltbekannter Sehenswürdigkeiten, sind die Trumpfkarten der Oberauer.

Sehenswert im Ort

Das **Georgskirchlein** auf der Bergterrasse im schön gelegenen Friedhof. Der jetzige Bau von 1664, an der Stelle eines älteren Baus. Eine kleine Glocke aus dem 13. Jh. mit der Inschrift „O rex gloriae veni cum pace“ ist in der Kirche aufgestellt.

Spazierwege und Bergtouren

Nach Eschenlohe über Höllenstein, 1½ Std. – Nach Farchant dem Rörlbach entlang, 1 Std. – Auf dem Philosophenweg evtl. weiter nach Garmisch-Partenkirchen, 1 Std. – Auf den Hohen Fricken (1940 m). Man folgt dem Weg, der nach Farchant führt, bis links der Steig abzweigt. Der teilweise steile Pfad führt nördlich um den Niederen Fricken herum zu einer Hochfläche. Von dort nach Südwesten auf den Gipfel, ca. 4 Std. (leicht).

OBSTEIG C 4

Gemeinde, Bezirk Imst, Einwohner: 900, Höhe: 991 m, Postleitzahl: A-6416. **Auskunft:** Tourismusverband Obsteig/Ferienregion Mieminger Plateau & Fernpass-Seen. **Bahnstation:** Telfs-Pfaffenhofen (12 km). **Busverbindungen** nach Nassereith und Innsbruck.
Bergbahnen: Grünberg-Sessellift, Tal 1020 m, Berg 1508 m, Länge 1300 m.

Wo die Mieminger Straße zum Holzleithensattel ansteigt, laden die in Lärchenwiesen und Wälder eingebetteten Siedlungen von Obsteig zu erholsamer Rast.

Sehenswert im Ort und in der Umgebung

Die barocke **Pfarrkirche zum hl. Josef** besitzt ein Hochaltarbild von Franz Anton Zeiller. – In **Wald** die **Kapelle** aus dem 17. Jh., Altärchen von 1730. – **Schloss Klamm,** Bau aus dem 13. Jh., restauriert und umgebaut, Privatbesitz. – Der **Ansitz Schneggenhausen** (heutiges Postgebäude) mit schöner Fassadenmalerei von 1800.
Das Mieminger Plateau liegt auf einer Mittelgebirgsterrasse oberhalb des Inntales in etwa 800 – 1200 m Seehöhe. Nach Norden hin bildet die Mieminger Kette einen Riegel gegen kalte Winde. Das **Landschaftsschutz-**

gebiet Mieminger Plateau erstreckt sich im westlichen Teil des Plateaus zwischen Obsteig und Nassereith-Dormitz. Neben dem Dorfzentrum Obsteig liegen auch einige kleine Weiler dieser Streusiedlung im Schutzgebiet. Die Schönheit der Landschaft am Mieminger Plateau ist gepägt vom reichen Wechselspiel zwischen weitläufigen freien Flächen und Wäldern mit dem Kontrast der Kalkspitzen des Mieminger Gebirges. An seinen Hängen erstrecken sich trockene Föhrenwälder bis in das Tal. Die Besonderheit des Plateaus sind jedoch die Lärchenwiesen mit ihrem aufgelockerten Waldbestand in relativ ebener Fläche, eingebettet in die traditionell landwirtschaftlich genutzte Umgebung. Einen besonderen Reiz stellt auch der ländliche Charakter der einzelnen kleinen Weiler dar. Die Lärchenwiesen sind ein Relikt aus einer vergangenen Wirtschaftsepoche, als die Waldweide noch intensiv betrieben wurde. Sie setzen sich aus einem lichten Lärchenwald mit einem geschlossenen, blumenreichen Wiesenbestand als Unterschicht zusammen. Manche liegen mehr oder weniger in ebener Lage, andere am Hang oder weisen eine buckelige Oberfläche auf. Eine Erhaltung ist nur möglich, wenn die landwirtschaftlich genutzten Flächen wie bisher mit der Hand gemäht werden.

Spazierwege und Bergtouren

Siehe auch Anschlussblatt, KOMPASS-Karte 35 "Imst – Telfs – Kühtai". Nach Arzkasten, ½ Std. und weiter nach Aschland, noch ½ Std.; weiter zum Lehnberghaus (1554 m), 1½ Std.; oder über die Marienbergalm zum Marienbergjoch (1789 m), 2 Std. – Nach Holzleithen durch die Lärchenwiesen (Landschaftsschutzgebiet), 1 Std. – Über den Zwischensimmering auf die Simmeringalm (1813 m), 3 Std. – Zur Haiminger Alm (1786 m), 3 Std., in den Zwischensimmering und an der Abzweigung des Weges zur Simmeringalm ca. 150 m vorbei zu einem Gatter. Von dort rechts. – Zum Inntalblick, 1½ Std., am oben erwähnten Gatter links. – Über den Zwischensimmering auf den Simmering (2096 m), 3 Std. (leicht). – Von der Haiminger Alm (siehe oben) auf den Tschirgant (2370 m), 1¾ Std. (nur für Geübte). – Klettergarten Obsteig (nur für Geübte). – Auf den Grünberg (1497 m), 2½ Std. (oder mit dem Sessellift). – Grünberg-Panorama-Rundwanderweg, ca. 3 Std. (inklusive Liftfahrt).

REITH bei Seefeld — G 4

Gemeinde, Bezirk Innsbruck-Land, Einwohner: 1125, Höhe: 1130 m, Postleitzahl: A-6103. **Auskunft:** Tourismusverband Reith bei Seefeld. **Bahnstation:** Reith bei Seefeld. **Busverbindungen** nach Innsbruck und Seefeld.
Bergbahnen: Standseilbahn, Kabinenseilbahnen, mehrere Sessel- und Schlepplifte.

Reith liegt in aussichtsreicher Lage hoch über dem Inntal an der Straße von Seefeld nach Zirl.

Sehenswert im Ort

Die **Kirche zum hl. Nikolaus** wurde im 19. Jh. erbaut. – In **Leithen** die **Pestsäule** mit Fresken von 1604 und das **Riesenhaus** mit einem Fresko aus dem Jahr 1537. – **Dorfbrunnen** (Christophorus von J. Obleitner).

Spazierwege und Bergtouren

Siehe auch Anschlussblatt, KOMPASS-Karte 26 "Karwendelgebirge".

Auf den Hochleitenkopf (1276 m) über Mühlberg, ¾ Std. – Auf den Gschwandtkopf (1495 m), 1 Std., zurück über Mösern oder Seefeld. – Nach Leiblfing bei Pettnau, 1½ Std. – Auf den Kaiserstand (1440 m), 1¼ Std. – Auf die Reither Spitze (2373 m) über die Nördlinger Hütte, 3½ – 4 Std. (mittel). – Die Reither Jochalm (1505 m) ist ein beliebtes Ausflugsziel für Wanderer und Mountainbiker (leicht), ca. ¾ Std. Im Winter als Rodelbahn genutzt.
Langlaufloipen nach Auland, 5 km. Anschluss an alle anderen Loipen am Plateau – Wildmoos – Leutasch.

SCHARNITZ siehe Anzeige Seite 65 H 3

Gemeinde, Bezirk Innsbruck-Land, Einwohner: 1300, Höhe: 964 m, Postleitzahl: A-6108. **Auskunft:** Tourismusverband Scharnitz. **Bahnstation:** Scharnitz.

Die Geschichte des Orts ist von den ältesten Zeiten bis zur Gegenwart von seiner geographischen Lage bestimmt: Unmittelbar nördlich von Scharnitz hat die Nord-Süd-Furche zwischen Wetterstein und Karwendel ihre engste Stelle. Schon die Römer haben hier an der Brennerstraße die befestigte Straßenstation Scarbia errichtet, deren genaue Lage man allerdings nicht kennt. Seit dem Spätmittelalter haben die Landesfürsten von Tirol versucht, die Grenze gegen Bayern bis an den Scharnitzpass vorzurücken. Im Dreißigjährigen Krieg (1618 – 1648) ließ Erzherzogin Claudia (Medici) die Schanzen anlegen, um die sowohl im Spanischen Erbfolgekrieg 1703 als auch in den Napoleonischen Kriegen gekämpft wurde. 1805 konnte sich die Festung gegen Marschall Ney solange halten, bis die Franzosen, alle Sperren umsteigend, in ihrem Rücken standen. Den Aufstieg als Tourismusort verdankt Scharnitz seiner Lage an der Mündung dreier Ost-West-Täler in die Nord-Süd-Furche (Karwendeltal, Hinterautal und Gleirschtal). Obgleich der Ortsname über den mittelalterlichen Scharnitzwald auf das römische Scarbia bzw. Scarantia zurückgeht, ist das Dorf nicht so alt wie die anderen größeren Orte dieses Kartenblattes. Erst Ende des 15. Jh. entstanden durch Rodung einige Höfe nahe der Brücke, auf der die Rottstraße die Isar überquerte. Im 17. Jh. kamen einige Häuser bei der Festung Porta Claudia hinzu. Die Anwesen rechts der Isar auf dem Rain gehörten bis 1766 zum Hochstift Freising. 1840 hatte die Gemeinde Scharnitz erst 36 Anwesen.

Sehenswert im Ort und in der Umgebung

Die **Pfarrkirche Mariahilf,** von 1896, mit Inneneinrichtung von 1955. – Die Ruinen der **Porta Claudia,** Festung erbaut 1632 unter Erzherzogin Claudia, geborene von Medici. – An der Isarbrücke im Büro des Tourismusverbandes das **Infozentrum Karwendel**: Schau- und Informationstafeln über den Alpenpark Karwendel. Das Herzstück ist ein 8000 Jahre altes Elchskelett, welches vom Hüttenwirt der Pleisenhütte, Toni Gaugg, im Jahr 1951 aus der Vorderkarhöhle am Pleisen geborgen wurde. Außerdem Schautafeln über Geologie und Bergbaugeschichte; wichtige Mineralien und Geschichtliches aus dem Ort und dem Karwendelgebirge.

Spazierwege und Bergtouren

Rundgang von der Isarbrücke über Inrain – Plattsteig – Birzlkapelle,

40 Min. – Kreidenbrücke, ½ Std. – Isarsteig über Steinwand zum Brand, ½ Std., längs der Karwendelbahn am Hirnweg nach Gießenbach, 1 Std. – Sattelsteig – Schießstand – Bergsteig – Bühel, 1 Std. – Kalvarienberg, 10 Min. – Porta Claudia – Schanzbrücke – ehemaliges Zollamt, ½ Std. – Rundgang von der Kreidenbrücke (siehe oben oder in 20 Min. auf der Hinterautalstraße erreichbar) dem linken Isarufer entlang über den Nederweg zur Gleirschklamm, 1 Std. – Über den Krapfenweg zur Gleirschhöhe, ½ Std., am rechten Isarufer nach Scharnitz (Hinterautalstraße), 1 Std. – Rundgang über den romantischen Karwendelsteg; über die Karwendeltalstraße zum Lablehner, 1 Std.; von dort weiter zum Steg über die sehenswerte Karwendelschlucht, 20 Min., und zurück über die Birzlkapelle nach Scharnitz, ½ Std. – Nach Oberleutasch über Gießenbach, 1 Std.; von dort westwärts Aufstieg über den Hohen Sattel nach Oberleutasch, 2½ Std., ein zweiter Weg, zirka 10 Min. vom Gasthof Ramona in Gießenbach entlang der Bundesstraße, führt rechts über den Boden nach Neu-(Ober-)Leutasch, 2 Std. (sehr bequemer Gehweg). – Nach Seefeld von Gießenbach über Moosrein – Hirnweg längs der Karwendelbahn, 2 Std. oder über die "Bauernwald"-Bodenalm, 1 Std. – Zum Brand über Oberdorf, 20 Min.; von dort a) schattiger Waldweg zur Waldruh, schönster Blick auf das Bergdorf Scharnitz, 20 Min.; b) zur Bärenklamm, 20 Min., und weiter über den Mühlberg nach Gießenbach, 1 Std.

SCHWANGAU A 1

Gemeinde, Landkreis Ostallgäu, Einwohner: 3700, Höhe: 796 – 1720 m, Postleitzahl: D-87645.
Auskunft: Kurverwaltung Schwangau. **Bahnstation:** Füssen (3,5 km). **Busverbindungen** nach Füssen und Hohenschwangau.
Bergbahn: Tegelbergbahn (Großkabinenseilbahn), Tal 830 m, Berg 1720 m. Sommerrodelbahn am Tegelberg.

Schwangau und das 2 km entfernte Hohenschwangau sind die Ausgangspunkte zu den Königsschlössern. Am Fuße des aussichtsreichen Tegelbergs gelegen, nur 1 km vom Forggensee entfernt, hat sich Schwangau zu einem aufstrebenden Kurort entwickelt. Die Wandermög-

Märchenschloss Neuschwanstein

H•O•T•E•L Seelos

A-6100 Seefeld
Wettersteinstrasse 226
t: +43 (0) 52 12/23 08
f: +43 (0) 52 12/20 45-41
e: info@hotel-seelos.at
i: www.hotel-seelos.at

Auf einem sanften Wiesenhügel über Seefeld thront das Hotel Seelos. Die Gäste erwartet hier eine Atmosphäre voll familiärer Herzlichkeit. Das Freizeit-Angebot lässt keine Wünsche offen und die kulinarischen Genüsse sind vorzüglich: Der Tag beginnt mit einem opulenten Frühstück, mittags gibt es ein köstliches Suppenbuffet oder eine kräftige Wanderjause und abends freuen sich Feinschmecker auf ein viergängiges Wahl-Menü internationaler Küche sowie die Weinangebote durch unseren Sommelier im Hause.

Kramerhof Wallgau

Gästezimmer · Ferienwohungen

Familie Porer, Otenwangerweg 2, 82499 Wallgau, Telefon (0 88 25) 95 21 20, Fax (0 88 25) 95 21 22

Ruhig gelegen mit Gebirgsblick.

Doppel- und Mehrbettzimmer und Ferienwohnungen.
Erweitertes Frühstück mit Frischmilch und Eier ab Hof.
Aufenthaltsraum, Liegewiese, Terrasse, Kinderspielplatz, Parkplätze am Haus. Sommer wie Winter vielseitige Freizeitmöglichkeiten.

Mittenwalder Str. 1 • 82499 Wallgau
Telefon 08825/2072 • Telefax 2311

Im Ortszentrum gelegen. Moderne Gästezimmer mit Dusche/WC. Parkplätze am Haus. Gäste für eine Nacht willkommen. Herrlicher Gebirgsblick zum Karwendel und Wettersteinmassiv.

NEU: Bayrisch Pub, ab 18 Uhr geöffnet + Premiere Sportsbar

Das Konditorei-Café im Herzen von Wallgau.

lichkeiten sind mannigfaltig. Dazu kommt, dass im Gebiet des Tegelberges das große Naturschutzgebiet Ammergebirge liegt.

Sehenswert in der Umgebung

Königsschlösser Neuschwanstein und **Hohenschwangau.** – **Wallfahrtskirche St. Coloman.** – **Königliche Kristall-Therme**. – Naturdenkmal **Römische Ausgrabungen**. – Am **Tegelberg**: Naturpfad Ahornreitweg und Kulturpfad Schutzengelweg. – **Tegelberg-Kabinenbahn**. – **Sommerrodelbahn**.

Spazierwege und Bergtouren

Zur Wallfahrtskirche St. Coloman, 15 Min. – Zum ehemaligen königlichen Schlosspark (Schwanseepark), 30 Min. – Zum Bannwaldsee, 1 Std. – Auf den Tegelberg (1707 m), 3 Std. (leicht), sehr lohnende Aussicht. Empfehlenswert ist die Benutzung der Kabinenbahn mit anschließendem Abstieg auf dem Ahornreitweg und über die Bleckenau-Straße nach Hohenschwangau, etwa 3 Std. – Auf den Säuling (2047 m), 4 Std. (mittel), im oberen Teil steil. Die Aussicht ist großartig. Der Abstieg kann auch über das Säulinghaus nach Pflach/Tirol (Personalausweis mitnehmen!) durchgeführt werden, etwa 3 ½ Std. (mittel).

SEEFELD in Tirol siehe Anzeigen Seite 65/66 G 4

Gemeinde, Bezirk Innsbruck-Land, Einwohner: 3000, Höhe: 1180 m, Postleitzahl: A-6100. **Auskunft:** Tourismusverband Seefeld in Tirol. **Bahnstation:** Seefeld in Tirol. **Busverbindungen** nach Leutasch – Mittenwald, Wildmoos, Mösern – Telfs, Innsbruck und München. **Bergbahnen:** Standseilbahn, Kabinenseilbahnen, mehrere Sessel- und Schlepplifte.

Zwei Olympische Spiele (1964 und 1976) und die Nordische Weltmeisterschaften (1985) machten Seefeld weltbekannt. Insider und Kenner jedoch schätzen dieses einzigartige Tiroler Dorf aufgrund seiner infrastrukturellen Vielfalt und spektakulären Kulisse: eingebettet in ein nach Süden offenes Plateau und umrahmt vom majestätischen Wetterstein- und Karwendelgebirge.

Sehenswert im Ort

Die **Pfarrkirche zum hl. Oswald** wurde 1423 – 1474 erbaut, 1604 verlängert; spätgotische Staffelkirche unter einheitlichem Dach; reich gegliedertes Hauptportal mit prachtvoll geschnitztem Wappenstein, innen Rautennetzgewölbe mit schönen Schlusssteinen, Fresken im Triumphbogen und im Chor, 15. Jh., außen am Turm Christophorus und zwei Mönche, 1617; Ausstattung: neugotischer Hochaltar, zum Teil mit gotischen Schnitzstatuen; im Chor Tafelbild (Seefelder Altarwunder) von Jörg Kölderer, 1502; rechts spätgotischer Seitenaltar, darüber spätgotisches Kruzifix; an der Wand Relief „Pfingstwunder“ vom Anfang des 16. Jh.s; gotischer Taufstein, gotische Kanzel. Heilig-Blut-Kapelle vom Seitenschiff der Pfarrkirche über Marmortreppe erreichbar, erbaut 1574 von Alberto Lucchese, Hofbaumeister Erzherzogs Ferdinand II., 1724 barockisiert; bemalte Stukkaturen, Deckenbilder von J. Puellacher, 1772, von diesem auch die Wandbilder in den Gängen des anschließenden ehemaligen Augustinerklosters, gegründet 1516, heute Hotel. – Die **Seekirche zum Hl. Kreuz,** gestiftet 1628 von Erzherzog Leopold V. zur

Aufnahme des wundertätigen Kreuzes; Kuppelfresken von Hans Schor, Fresken an den Chorpfeilern und Nebenaltarbilder von J. Puellacher.

Spazierwege und Bergtouren

Rund um den Wildsee, ½ Std.; vom Südende des Sees weiter nach Auland, 20 Min. – Nach Reith, Waldweg der Bahn entlang, 1 Std. – Hochleitenkopf, der Seepromenade folgend, weiter nach Auland und Mühlberg, 1½ Std. – Zur Triendlsäge über oder nördlich um den Geigenbichl, ½ Std. – Auf den Gschwandtkopf (1495 m) vom Nordende des Wildsees, 1 Std.; Abstieg nach Mösern oder Auland, 1 Std. – Nach Mösern, rechts oder links der Straße, 1 Std. – Über die Kirchwaldsiedlung auf dem Hörmannweg durch das Köhler-Bödele zur Wildmoosalm (1314 m) und zum Wildmoossee, 1 Std. – Nach Oberleutasch, vom Wildmoossee (1314 m) über den Schlagsteig, dann einem Forstweg über Muggermahd folgend zur Straße, die man bei der Ostbachbrücke quert und weiter nach Oberleutasch (Autobushaltestelle), 1½ Std. – Zum Gasthof Neuleutasch (1216 m) von der Wildmoosalm durch den Kellenwald, 1 Std. – Auf die Roßhütte (1751 m) mit der Seilbahn und Abstieg durch das Hermannstal, 1¼ Std. – Auf das Seefelder Joch (2060 m), 2½ Std. (leicht), auch mit der Bergbahn erreichbar; über den Kamm zur Seefelder Spitze (2221 m), 1 Std. (mittel); Abstieg durch das Reither Kar zum Reither Joch (2179 m) und zur Bergstation Härmelekopf, 1 Std.; Abstieg von dort über die Reither-Joch-Alm (1505 m) und Maximilianshütte nach Seefeld, ca. 2 Std.

Die Seekirche in Seefeld in Tirol

TELFS E 4

Marktgemeinde, Bezirk Innsbruck-Land, Einwohner: 11 900, Höhe: Telfs 634 m und Mösern 1206 m, Postleitzahl: A-6410. **Auskunft:** Tourismusverband Telfs-Mösern, Zweigstelle Mösern. **Bahnstation:** Telfs-Pfaffenhofen, für Mösern: Seefeld (4 km). **Busverbindungen** nach Innsbruck (auf beiden Seiten des Inns), Landeck, Nassereith – Imst – Reutte, mit Seefeld über Mösern und über Buchen nach Leutasch.

Die Marktgemeinde Telfs hat sich zu einem Zentrum des Tiroler Oberlandes mit einer starken wirtschaftlichen und kulturellen Ausstrahlung entwickelt. Es besitzt einen malerischen, gepflegten Ortskern, der alle fünf Jahre Schauplatz des berühmten „Schleicherlaufens", eines auf uralten Vorfrühlingsbrauch zurückgehenden Fasnachtumzuges, wird.

Sehenswert im Ort und in der Umgebung

Im **Marktzentrum** schöne Häuser mit gotischen Erkern und Fassadenbemalung. – Neuromanische **Pfarrkirche zu den hll. Peter und Paul,** 1863 erbaut. – **Franziskanerkirche,** erbaut 1705, mit Hochaltarbild von Lukas Platzer, 1710. – Am **Birkenberg** die barocke **Maria-Hilf-Kapelle**, ein Zentralbau vom Ende des 17. Jh.s, Kuppelfresken und Altar aus der Bauzeit, letzterer von Andreas Thamasch, Stiftsbildhauer von Stams, Rokokokanzel, Mitte des 18. Jh.s, Aufsatzbilder des linken Seitenaltares von Josef Schöpf. – Besonders erwähnenswert ist die **St.-Veit-Kapelle** bei **Lehen**. Der reizvolle Bau, bereis 1384 geweiht und im 17. Jh. umgestaltet, lässt das Nachwirken der Gotik verspüren. Erwähnenswert ist das Kümmernisbild vom einheimischen Maler Leopold Puellacher (1820). – Im **Heimatmuseum** werden bäuerliche Gegenstände, Weihnachts- und Fastenkrippen und Figuren bzw. Masken vom Telfer Schleicherlaufen gezeigt. – Im **Textilmuseum** der Firma Pischl werden alte handwerkliche Textilgeräte zur Herstellung von Loden und Textilgeweben gezeigt. – In **Buchen** das **Bauernmuseum** (bergbäuerliche Handwerksgeräte) und **Freilichtmuseum**.

Blick auf die Hohe Munde

Spazierwege und Bergtouren
Ausgangspunkt Telfs, Ortszentrum: Zur Wallfahrtskapelle St. Moritzen, 25 Min. – Zur Kapelle St. Veit über Lehen, ¾ Std.; zurück über Hinterberg. – Zur Wallfahrtskapelle am Birkenberg, 1 Std.; über Hinterberg und die Arzbergklamm. – Nach Strassberg, 1½ Std.; zurück durch die Zimmerbergklamm, 1 Std. – Ausgangspunkt Buchen: Zur großen Straßenkurve in Buchen, von dort auf die Rauthhütte (1605 m), 1 Std. – Ausgangspunkt Mösern: zum Wildmoossee über die Möserer Höhe, 1¼ Std.

UNTERAMMERGAU siehe Anzeige Seite 58 E 1

Gemeinde, Landkreis Garmisch-Partenkirchen, Einwohner: 1300, Höhe: 837 m, Postleitzahl: D-82497. **Auskunft:** Verkehrsamt Unterammergau. **Bahnstation:** Unterammergau. **Busverbindungen** mit Schongau, Oberammergau und Garmisch-Partenkirchen.

Nicht so berühmt und auch nicht so groß wie die Nachbargemeinde Oberammergau, präsentiert sich Unterammergau dem Urlauber. Inmitten von Wiesen und Feldern liegt die kleine Gemeinde, die für einen ruhigen Urlaub genau die richtigen Voraussetzungen schafft.

Sehenswert im Ort und in der Umgebung
Fassadenmalereien von Franz Seraph Zwinck, dem berühmten "Lüftlmaler" von Oberammergau, finden sich auch hier. Besonders sehenswert ist auch ein Gemälde an der Empore der **Pfarrkirche St. Nikolaus.** Sie ist ein tonnengewölbter Saalbau von 1710 mit einem Deckengemälde von J. J. Würmser. – Abseits des Dorfes steht die **Kirche Hl. Blut ("Kappelkirche"),** ehemalige Wallfahrtskirche und wahrscheinlich älteste Kirche des gesamten Tales. Der spätgotische Turm stammt noch von der spätmittelalterlichen Kirche, Langhaus 1618/19.

Spazierwege und Bergtouren
Besonders zu empfehlen ist der Waldalm-Rundweg Nr. 43. Er führt über freie Wiesenhänge und durch waldreiches Gebiet zur ruhig gelegenen Seekapelle. Von dort geht es weiter über die herrlich gelegene Waldalm (nicht bewirtschaftet) ins Schergengebiet und absteigend über die Scherlaine nach Scherenau. – Vom Parkplatz in Unterammergau folgen wir dem Wegweiser "zum August-Schuster Haus am Pürschling". Wir gehen entweder nach rechts durch die Schleifmühlklamm mit ihren besonderen Reizen oder folgen dem gut begehbaren Forstweg über das Langenthal zum August-Schuster-Haus am Pürschling. Von dort kann man noch weitere Touren, wie z. B. zum Brunnenkopf oder zur Klammspitze mit Abstieg zum Schloss Linderhof gehen.

WALCHENSEE HI 1

Dorf der Gemeinde Kochel am See, Landkreis Bad Tölz-Wolfratshausen, Einwohner: 600, Höhe: 804 m, Postleitzahl: D-82432. **Auskunft:** Tourist-Info Walchensee. **Bahnstation:** Kochel (12 km). **Busverbindungen** nach Kochel am See, Mittenwald und Garmisch-Partenkirchen. **Bergbahn:** Herzogstandbahn (Kabinenseilbahn), Tal 830 m, Berg 1627 m, Länge 800 m, 11 Min.

Die markant vom Herzogstand (1731 m) überragte Ortschaft Walchensee befindet sich am Westufer des gleichnamigen Sees. Sie ist Ausgangspunkt zahlreicher Wanderungen in die westlich anschließenden Walchensee-Berge sowie zum Süd- und Ostufer des Sees.

Walchensee mit Halbinsel Zwergern und Karwendel

Die Ruhe des ganz vom Waldgebirge umschlossenen Sees wurde jahrhundertelang nur von den Fischern der Klöster Schlehdorf und Benediktbeuern gestört. Bei der Kirche St. Margareth in Zwergern hausten die einen, bei der Kirche St. Jakob die anderen. Erst mit dem Ausbau der Kesselbergstraße unter Herzog Albrecht V. im Jahr 1492 wurde es lebhafter am Walchensee, obgleich die Straße mit 21% Steigung bei den Fuhrleuten nicht gerade beliebt war. Damals entstand bei St. Jakob eine Taverne, aus der später die kurfürstliche Posthalterei wurde. 1687 stiftete Kurfürstin Henriette Adelaide das „Klösterl“ für Eremiten des Hieronymitanerordens.

Der Walchensee, im Volksmund auch Wallersee genannt, wurde 1924 als Speichersee für das neuerrichtete Kraftwerk dienstbar gemacht. Der Einlauf zu den Kraftwerkstollen ist bei Urfeld. Der See hat eine Tiefe bis zu

194 m. Die einzige Insel, Sassau, liegt am Ostufer; sie war im Mittelalter befestigt.

Sehenswert im Ort und in der Umgebung

Die **Kirche zum hl. Jakob** von 1603, umgebaut 1712/14. – In **Zwergern** die **Kirche zur hl. Margareth,** im Kern mittelalterlich, mit Fresken aus dem 14. Jahrhundert im Altarraum, sonst barocke Ausstattung. – Beim Klösterl die **Kirche zur hl. Anna,** wobei die Kapelle von 1688 den Altarraum der 1728 vergrößerten Kirche darstellt.

Spazierwege und Bergtouren

Nach Einsiedl am Uferweg über die Halbinsel Zwergern oder über Lobesau, 1 Std. – Schöne Aussicht: Gamsreibenweg, Rundweg um den Silbertsgraben, 2½ Std. – Hofhaltsweg: über Fuchsloch zurück nach Walchensee, Blick zum Karwendel, 2½ Std. – Zur Schlucht (Sackgasse), 1 Std. – Albert-Schmidt-Weg: Höhenweg auf der Halbinsel Zwergern, 1 Std. – Steig zum Herzogstand (1731 m), 2½ Std. (nur für Geübte). – Steig zum Heimgarten (1790 m), über die Ohlstädter Alm, 3½ Std.

WALLGAU siehe Anzeigen Seite 66 H 2

Gemeinde, Landkreis Garmisch-Partenkirchen, Einwohner: 1400, Höhe: 868 m, Postleitzahl: D-82499. **Auskunft:** Verkehrsamt Wallgau. **Bahnstation:** Klais (7 km). **Busverbindungen** nach Klais, Garmisch-Partenkirchen, Kochel am See und Mittenwald.

Der Ort bewahrt den Namen, der einmal die ganze Gegend um den Walchensee bis zu dem südlich von Wallgau beginnenden Scharnitzwald bezeichnete. Wie die Nachbarorte Krün und Klais bestand auch Wallgau jahrhundertelang nur aus einigen Schwaigen.

Sehenswert im Ort und in der Umgebung

Die spätgotische **Pfarrkirche zum hl. Jakob** mit dem barock umgestalteten Langhaus. – Alte **Bauernhäuser,** bemerkenswert die Alte Post, erbaut 1621, mit Malereien von 1763. – **Golfplatz.**

Spazierwege und Bergtouren

Zur Maxhütte (1022 m) über den Panoramaweg, 1½ Std. – Auf steilem Serpentinenweg zum Krepelschroffen (1160 m), 1 Std. – Zur Auhütte über den Isarsteg, ½ Std. – Zum Großen Wasserfall, 1 Std., weiter über die Halbinsel Zwergern zum Dorf Walchensee, 3 Std. – Nach Mittenwald über den Maximilians- und Tonihof, 2½ Std. oder am Isarkanal entlang über Krün und den Isarstausee, 3 Std. – Zur Esterbergalm (1265 m) durch die Finzbachklamm und vorbei an der Finzalm , 4 Std. – Zum Barmsee, 2 Std. – Zum Geroldsee, 2½ Std. – Zur Fischbachalm (1402 m), 2½ Std., dann über den Lakaiensteig zum Soiernhaus (1616 m), 4 Std., und weiter zur Schöttelkarspitze (2050 m), insgesamt 5 Std. (nur für Geübte). – Zum Krottenkopf (2086 m) über die Krüner Alm (1621 m), 2½ Std. und auf die Krottenkopfhütte (1955 m), insgesamt 4½ Std. – Auf den Simetsberg (1836 m), 4 Std. – Zur Hohe Kisten (1922 m) über den Wildsee und die Kuhalm und weiter zum Krottenkopf (2086 m) , 5 Std.

Telefonnummern der wichtigsten Alpengasthöfe und Unterkunftshütten

Ammergauer Alpen
August-Schuster-Haus 08822/3567
Bleckenau 08362/81181
Brunnenkopfhäuser 0171/2602057
Kenzenhütte 08368/379 und 390
Säulinghaus * 0664/2524415
Tegelberghaus 08362/8980

Estergebirge
Krottenkopfhütte 0170/2708052
Wankhaus 08821/56201

Karwendelgebirge
Brunnensteinhütte 0172/8909613
Dammkarhütte 08823/3826
Eppzirler Alm * 0664/4629211
Hochlandhütte 0174/9897863
Mittenwalder Hütte 0172/8558877
Nördlinger Hütte * 0664/1633861
Pleisenhütte * 0664/9158792
Solsteinhaus * 05232/81557

Lechtaler Alpen
Brettlalm * 05673/2573
Grubigstein-Seilbahn * 05673/2323
Wolfratshauser Hütte * 0664/9058920

Mieminger Kette
Arzkasten * 05264/8121
Coburger Hütte * 0664/3254714
Rauthhütte * 0664/2815611

Wettersteingebirge
Angerhütte 08821/2903
Franz-Fischer-Hütte 08821/2701
Gaistalalm * 0 52 14/51 90
Hämmermoosalm * 05214/6955
Höllentalangerhütte 08821/8811
Knorrhütte 08821/2905
Kreuzeckhaus 08821/2202
Kreuzjochhaus 08821/94303-23
Meilerhütte 0171/5227897
Münchener Haus 08821/2901
Schachenhaus 08821/2996
Stuibenhütte 08821/2701
Wangalm * 0664/3330611 und 05214/20090
Wettersteinhütte * 05214/6688
Wiener-Neustädter-Hütte * 0676/4770925

Die mit * markierten Hütten liegen in Österreich
Vorwahl von Österreich nach Deutschland: 0049
Vorwahl von Deutschland nach Österreich: 0043

Telefon- und Faxnummmern der Fremdenverkehrsvereine bzw. Tourismusverbände

	Telefon	Fax
Berwang *	05674/8268	8436
Biberwier *	05673/2922	3494
Bichlbach *	05674/5354	5640
Ehrwald *	05673/2395	3314
Eschenlohe	08824/8228	
Ettal	08822/3534	6399
Farchant	08821/9616-96	9616-22
Garmisch-Partenkirchen	08821/180-700	180-450
Grainau	08821/9818-50	9818-55
Halblech	08368/285	7221
Heiterwang *	05674/5103	5608
Krün	08825/1094	2244
Lermoos	05673/2401-0	2694
Leutasch	05214/6207-0	6965
Mieming-Wildermieming *	05264/5274	6150
Mittenwald	08823/33981	3355
Nassereith *	05265/5253	5253-4
Oberammergau	08822/9231-0	9231-90
Oberau	08824/93973	8890
Obsteig *	05264/8106	8230
Reith bei Seefeld *	05212/3114	4341
Scharnitz *	05213/5270	5557
Schwangau	08362/8198-0	8198-25
Seefeld in Tirol *	05212/2313	3355
Telfs *	05262/62245	62245-4
Mösern *	05212/4725	4877
Unterammergau	08822/6400	6400
Walchensee	08858/411	275
Wallgau	08825/9250-50	9250-66

Alle Angaben ohne Gewähr!

Die mit * markierten Orte liegen in Österreich
Vorwahl von Österreich nach Deutschland: 0049
Vorwahl von Deutschland nach Österreich: 0043

Aus Umweltschutzgründen wäre es schön, wenn Sie Ihre Abfälle wieder mit nach Hause nehmen!

Von der Kunst, hinter den Berg zu schauen

Eine Anleitung zum Kartenlesen für Wanderer und angehende Bergsteiger

Vor allem: keine Scheu vor Landkarten!

Eine Landkarte ist nichts anderes als eine von richtigen Künstlern (Kartographen) nach gewissen Regeln hergestellte Abbildung der Landschaft.

Von diesen Regeln sollte Ihnen bekannt sein:

• Eine Karte wird so gezeichnet, dass man am Südrand der dargestellten Fläche steht, also nach Norden schaut

• Die notwendige Verkleinerung steht in einem genauen Verhältnis – Maßstab genannt – zur Natur

Der Maßstab 1 : 50 000 bedeutet, dass 1 cm auf der Landkarte in der Natur 50 000 cm, also 500 Meter sind. Auf den Wanderkarten ist der Maßstab in Form eines Lineals aufgedruckt. Sie können eine bestimmte Entfernung zwischen zwei Punkten auf der Karte mit einem Faden oder Papierstreifen abmessen und an der Maßstabsleiste ablesen. Auch das Umrechnen einer Distanz auf andere Maßstäbe ist nicht schwierig, z. B.:

Kartenmaßstab	Kartendistanz	Entfernung im Gelände
1 : 25 000	1 cm	250 m
1 : 50 000	1 cm	500 m
1 : 100 000	1 cm	1000 m

Sie können anhand der Karte genau feststellen, wie weit der Weg zu Ihrem geplanten Ziel ist, und wenn Sie annehmen, dass Sie im ebenen Gelände etwa 5 km in der Stunde zurücklegen, wissen Sie auch schon, wie lange Sie für die geplante Strecke brauchen. Im bergigen Gelände rechnet man ca. 1 Stunde für die Überwindung von 300 Höhenmetern im Aufstieg und 500 Höhenmetern im Abstieg.

Nun zur Praxis:

Ihren Ausgangspunkt haben Sie sicherlich schon daheim festgelegt und auch ein bestimmtes Ziel ins Auge gefasst. Es gibt viele Möglichkeiten, von A nach B zu gelangen: Steige, die durch den Wald führen, sonnige Straßen, Wege an Wasserläufen entlang, usw. Dies alles können Sie aus der Karte ersehen – Sie brauchen nur die Zeichen in der Karte mit der Zeichenerklärung am Kartenrand zu vergleichen. Wenn Sie nun „mit dem Finger auf der Landkarte" Ihren Weg verfolgen, können Sie anhand der Zeichen und Symbole viele Dinge voraussehen, die Sie unterwegs antreffen, und Sie werden bald merken, wieviel Spaß das macht. Unter anderem, wenn Sie auf der Karte entdecken, dass Sie durch einen kleinen Umweg noch manches sehen können, an dem Sie sonst vorbeigelaufen wären.

Wie ist das mit den Höhenlinien?
Sie können aus der Karte ersehen, ob der Weg eben ist, oder mehr oder weniger bergauf oder bergab geht. Die Bodenformen (Berge und Täler) werden in den Wanderkarten durch Höhenlinien (= Linien, die Punkte gleicher Höhe verbinden) dargestellt. Je enger die Linien aneinander liegen, desto steiler ist der Hang.

Die Orientierung: das A und O des Kartenlesens
Sie legen Ihre Karte am Beginn Ihrer Wanderung so, dass die Richtung mit der Natur, also mit dem Verlauf einer Straße, Eisenbahnlinie oder eines Baches übereinstimmt. Damit können Sie feststellen, welche Richtung Sie einschlagen müssen, um zu Ihrem Ziel zu gelangen.

Und so hilft man sich, wenn man sich verlaufen hat
Kein Grund zur Aufregung: Sie haben ja Ihre Karte! Zuerst müssen Sie die Karte so halten, dass die Himmelsrichtungen mit denen der Natur übereinstimmen. Wenn Sie keinen Kompass zur Hand haben, gibt es eine andere Möglichkeit, die Himmelsrichtungen zu bestimmen – es muss allerdings die Sonne scheinen. Sie drehen Ihre Armbanduhr so, dass der **Stundenzeiger** zur Sonne gerichtet ist; dann halbieren Sie den Winkel zwischen der Sonne und der Ziffer 12. Die gedachte Halbierungslinie zeigt dann genau nach Süden. Wenn die Karte nun richtig liegt, sollte es nicht schwierig sein, anhand des zurückgelegten Weges und einiger markanter Geländepunkte (Berg, Kirche, Straße, Brücke usw.), die in der Karte eingezeichnet sind, Ihren Standpunkt zu finden.

Wenn Sie diese Anregungen beachten,
sind Sie natürlich noch kein perfekter „Kartenleser“, aber Sie haben die Grundschule hinter sich – und auch hier macht die Übung den Meister! Wer richtig mit der Karte umgehen kann, kann „hinter den Berg schauen“ und weiss, wie es dort aussieht. Er erlebt die Natur nicht nur viel intensiver, er kann seine Ausflüge den Kräften entsprechend einteilen, erspart sich manche Irrwege und kann sich in schwierigen Situationen, im Gebirge, bei Schlechtwettereinbruch usw. vor Schaden bewahren.
Die KOMPASS-Karten GmbH bietet mit über 300 Wanderkarten im idealen Maßstab von 1:25 000 bis 1:50 000 das größte Wanderkartenprogramm Europas – vom Norden Deutschlands über die Alpen bis zu den Liparischen Inseln.
Das große KOMPASS Programm mit dem Gesamtverzeichnis aller KOMPASS Wanderkarten erhalten Sie kostenlos bei Ihrem Buchhändler oder bei der KOMPASS-Karten GmbH, Kaplanstraße 2, A-6063 Rum/Innsbruck, Telefon: 0043/(0)512/26 55 61-0, Fax 26 55 61-8.
e-mail: kompass@kompass.at
http: //www.kompass.at

Verhalten im Unglücksfall:

- Verletzten bergen oder sichern.
- Jemanden, wenn möglich, um Hilfe schicken. Erste Hilfe leisten.
- Verletzten nicht allein lassen.
- Schutz vor weiterer Schädigung (z. B. vor Kälte, Hitze, Wind, Nässe).
- Verunfallten nichts zu essen oder zu trinken geben (damit eine etwaige Operation nicht verzögert wird). Vorsicht mit Medikamenten! Die Verabreichung von Medikamenten lieber einem Arzt überlassen.

Die in den letzten Jahren zunehmende Verwendung von Hubschraubern und Flugzeugen bei der Rettung aus Bergnot hat neue Verständigungsmethoden notwendig gemacht. Rote Biwaksäcke oder Anoraks, Rauchsignale oder Zeichen im Schnee erleichtern das Auffinden aus der Luft.

Das internationale Notzeichen SOS kann mit etwa 2 m großen Buchstaben aus Steinen usw. auf andersfarbigem Untergrund ausgelegt oder in Schnee getreten werden.
Bei Sichtverbindung sind Armzeichen bzw. farbige Leuchtzeichen folgender Art festgelegt:

Beide Arme schräg hoch oder
grünes Lichtzeichen
= JA auf Fragen
Hier landen oder
Wir brauchen Hilfe

Linker Arm schräg hoch,
rechter Arm schräg abwärts oder
rotes Lichtzeichen
= NEIN auf Fragen
Nicht landen oder
Wir brauchen keine Hilfe

Angaben im Notfall:
Wer meldet ...
Wer ist verunglückt ...
Von wo aus wird gemeldet ... (telefonischer Rückruf)
Unfallort, Unfallzeit, welche Verletzungen hat der Verunfallte vermutlich.
Wer wurde von dem Unfall noch informiert bzw. verständigt.
Landemöglichkeit – Hubschrauber?

Alpines Notsignal: Sechsmal *innerhalb einer Minute in regelmäßigen Zeitabständen ein sichtbares oder hörbares Zeichen geben und hierauf eine Pause von einer Minute eintreten lassen. Das gleiche wird wiederholt, bis Antwort erfolgt.*

Antwort: *Innerhalb einer Minute wird* ***dreimal*** *in regelmäßigen Zeitabständen ein sichtbares oder hörbares Zeichen gegeben.*

Allgemeine Tips für Wanderungen und Bergtouren

Angesichts der alljährlich zunehmenden Bergunfälle seien hier einige Worte zur Vorsicht genannt. Obwohl die Tendenz zu beobachten ist, dass sich immer mehr Jogger mit Turnschuhen in die Bergwelt "verirren", ist dies jedoch nicht die zweckmäßige Ausrüstung für Wanderer und Bergsteiger. Halbschuhe, Sandalen, Turnschuhe oder zu leichte Wanderschuhe geben im Fels oder auf feuchten Wiesen keinen Halt, verursachen auf längeren Strecken Blasen und bringen beim Bergabgehen die Gefahren von Verstauchungen mit sich. Ferner gefährden sie nicht nur den einzelnen, sondern auch die Begleiter. In extremen Fällen, etwa im Frühjahr bei Firn, beim Queren von Altschneerinnen oder bei steilen Wiesen leisten ein **Pickel** oder in tieferen Regionen ein Bergstock unschätzbare Dienste. Auch ein **kurzes Bergseil** (Reepschnur) ist für Kinder und Erwachsene wertvoll, denn an Steilstücken oder im Gipfelbereich bietet es bei richtiger Handhabung ein gewisses Maß an Sicherheit.

Was zur Ausrüstung eines guten Wanderers und Bergsteigers gehört, wird man meist aus Erfahrung wissen. Hier seien einige zusätzliche Tips angeführt: Neben der Wanderkleidung ist auch eine **Regenkleidung** nicht zu vergessen (auch wenn es nicht regnet, so ist bei der Rast eine Unterlage vorteilhaft!). Für einen Tagesausflug ist ferner mitzunehmen: **Proviant, Thermosflasche mit Tee, Sonnencreme, Sonnenschutz, Ausweise, Taschenmesser, Klopapier, Landkarte, Bus- bzw. Zugfahrplan.**

Die **Wanderapotheke** wird hoffentlich ungebraucht im Rucksack bleiben. Sollte es jedoch einmal zu einer Abschürfung kommen, so sind ein Desinfektionsmittel und ein Heftpflaster sicherlich notwendig; auch ein paar Sicherheitsnadeln kann man oft gebrauchen.

Für Fotofans: Ersatzfilme und Filter nicht vergessen!

Wenn möglich **gehen Sie nie alleine in die Berge! Bei Schlechtwettereinbruch,** Nebel, Schnee oder Schneesturm **sollten Sie sofort umkehren,** oder die nächstgelegene Hütte aufsuchen, auf keinen Fall weiter zum Gipfel gehen. Seilsicherungen und Geländer sind als Behelfsmittel gedacht, sie sind jedoch kein Garant für Sicherheit, da sie von Steinschlag, Wetter und Blitzschlag (daher bei Gewitter Drahtseile unbedingt meiden) beschädigt werden können. Ebenso geschieht das **Begehen aller Wanderwege auf eigene Gefahr.** Über den momentanen Zustand von Wegen und Steigen informieren Sie der Tourismusverband, der Hüttenwirt oder Bedienstete von etwaigen Bergbahnen und Liften.

Hochtouren sollten grundsätzlich nur mit einem erfahrenen Bergführer, der in den Talorten zur Verfügung steht, unternommen werden.

Berg Heil und gute Rückkehr von Ihren Unternehmungen wünscht Ihnen die KOMPASS-Redaktion.

Anschlusskarten zur KOMPASS-Wanderkarte
5 Wettersteingebirge · Zugspitzgebiet

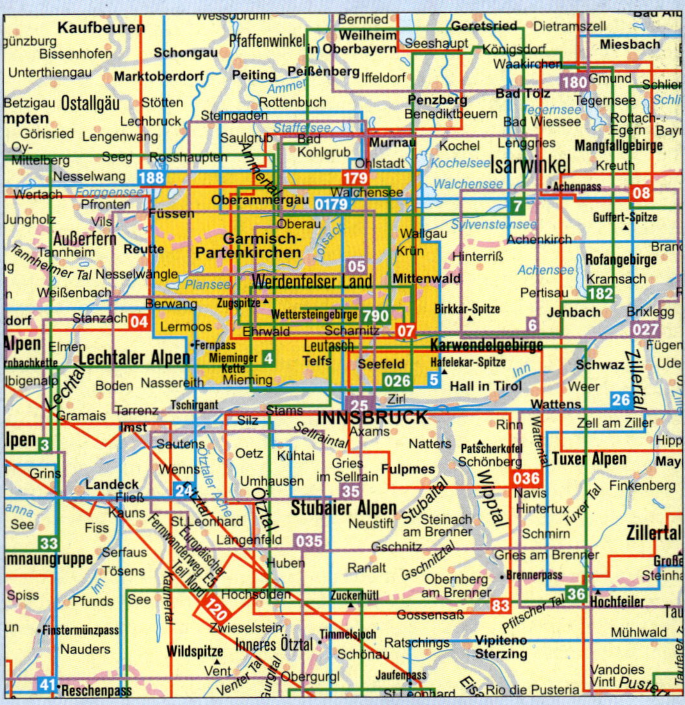

04 Tannheimer Tal 1:35 000
4 Füssen - Außerfern
05 Oberammergau - Ammertal 1:35 000
6 Walchsee - Wallgau - Krün
07 Werdenfelser Land mit Zugspitze 1:35 000
7 Murnau - Kochel - Staffelsee
24 Lechtaler Alpen - Hornbachkette
25 Zugspitze - Mieminger Kette - Ehrwald - Garmisch - Reutte
026 Seefeld in Tirol - Leutasch 1:25000 D/GB/I
26 Karwendelgebirge
35 Imst - Telfs - Kühtai
036 Innsbruck und Umgebung 1:30 000
36 Innsbruck - Brenner D/I
0179 Bad Kohlgrub 1:35 000/1:10 000
179 Pfaffenwinkel - Schongau - Weilheim i. OB
182 Isarwinkel
188 Kaufbeuren - Ostallgäu
790 Garmisch - Partenkirchen - Mittenwald 1:30 000

D3a

ISBN 3-85491-007-X
€ 6,95
9783854910077
WK 5